抬头看云

张丽钧/著

张丽钧经典散文

名家散文
青春版

山东文艺出版社

图书在版编目（CIP）数据

抬头看云 / 张丽钧著. —济南：山东文艺出版社，2023.6
　ISBN 978-7-5329-6886-2

　Ⅰ.①抬… Ⅱ.①张… Ⅲ.①散文集-中国-当代 Ⅳ.①I267

中国国家版本馆 CIP 数据核字(2023)第 066784 号

抬头看云
TAITOU KANYUN

张丽钧　著

主管单位	山东出版传媒股份有限公司
出版发行	山东文艺出版社
社　　址	山东省济南市英雄山路 189 号
邮　　编	250002
网　　址	www.sdwypress.com
读者服务	0531-82098776（总编室）
	0531-82098775（市场营销部）
电子邮箱	sdwy@sdpress.com.cn
印　　刷	山东新华印务有限公司
开　　本	640 毫米×960 毫米　1/16
印　　张	16.75
字　　数	194 千
版　　次	2023 年 6 月第 1 版
印　　次	2023 年 6 月第 1 次印刷
书　　号	ISBN 978-7-5329-6886-2
定　　价	35.00 元

版权专有，侵权必究。如有图书质量问题，请与出版社联系调换。

目 录

一　傲视凋零

003 / 别丢了坎蒂德

006 / 所有治愈，都靠自愈

009 / 支柱

011 / 水晶心

013 / 疗愈

015 / 吃苦趁年华

018 / 傲视凋零

020 / 我的肝，你拿去用吧

023 / 世界以痛吻我

026 / 眼光

028 / 今天，我们还会说"升米恩，斗米仇"吗？

031 / 不顾一切地老去

035 / 如果你唱得好

038 / 在微饥中惜福

041 / 留钱做什么

043 / 精神灿烂

045 / 她被金子绊倒在贫困中

047 / 最年轻的一天

049 / 今夜你不必盛装

052 / 桃花悟

054 / 半空与半满

二 抬头看云

059 / 牡丹花水

061 / 抬头看云

063 / 偷香

065 / 温柔如斯

068 / 遇到这绝色的花,让人想原谅一切

070 / 费尽胭脂捻得成

072 / 一叶莲,一日妍

074 / 风雨妒花,光阴妒人

076 / 浇花

078 / 樱花与初恋

080 / 花万岁

083 / 海棠花在否

086 / 莲的确证

088 / 舒心草

091 / 丁香何曾怕

094 / 花事四帖

097 / 欣赏就好

101 / 我不能悲伤地坐在花地

三　一树芬芳

107 / 你长得……像个老师

110 / 老师,那个女生还在"烧荒"

114 / 孩子,其实你不必这样

117 / 很疼很疼的藤县

121 / 走了个保姆,来了个闺蜜

123 / 打一手春天

126 / 一树芬芳——记我的同事郭树芳

129 / 君心可晴

132 / 只有拼命奔跑,才能留在原地

134 / 心许汉字

139 / 丰盛感

143 / 沉浸先农坛

147 / 秋窗风雨夕

150 / 暖透

153 / 大香奶奶

156 / 心壤之上,万亩花开

159 / 她将芳心许了犬

162 / 亲爱

165 / 等着我

167 / 可依靠的人

四 一号学生

171 / 通盘无妙手

173 / 把人当人，而非兔子

176 / 惊悚

179 / 骚魂不散

182 / 门的悬念

184 / 分享生命

186 / 请永葆你的"二"

188 / 你休想养熟一只麻雀

190 / 大道上落满如玉的花瓣

192 / 先干该干的，后干想干的

195 / 在刹那中培植一个千年

198 / 下雨了，请千万别来为我送伞

200 / "妈妈，我们老师笨死了！"

203 / 一号学生

206 / 创造月亮

208 / 我为什么写"吾儿职场守则21条"

211 / "面包"与"玫瑰"的拉锯战

214 / 一千条裙子

216 / "妈妈,我小时候你对我狠些就好了"

五　蓝花布巾

221 / 你是拾的

224 / 蓝花布巾

226 / 母亲的报复

229 / 俺娘说

232 / 盘扣子

234 / 母亲把药片嚼得嘎嘣响

237 / 我妈特爱钱

239 / 你妈妈还能叫出你的名字吗

241 / 疼

243 / 想起姥姥"偷吃"

245 / 不是"那一刻",而是"每一刻"

247 / 自你离开以后,我已看淡生死

249 / 怀表

252 / 为你,我说过多少颠三倒四的话

255 / 俺姐姐

一 傲视凋零

别丢了坎蒂德

儿子打来电话，没聊上几句，我就急着问他："坎蒂德怎么样了？他走了吗？"

儿子笑起来："妈，你怎么这么惦记他呀？我都嫉妒了！"

儿子在英国剑桥 CSR 公司工作。刚上班的时候，他就告诉我说，与他对坐的是一个葡萄牙人，名叫坎蒂德。坎蒂德的工号是 12 号，年纪不大，尚未娶妻，却是这个公司的元老级人物了。公司前 20 号的人只剩了三个，只有坎蒂德一直没有当官，不是因为他缺乏能力，而是因为他不感兴趣。

"他可牛了！"儿子说，"他是全公司员工在技术方面请教的中心，据说他的钱多到可以在伦敦买上几栋楼呢！"

就是这个"可牛了"的坎蒂德整天穿得像叫花子似的，上下班骑一辆破自行车。

"他是刻意藏富吧？"我问。

儿子说："我看不像。他的兴趣不在吃穿用度上。"

——当官没兴趣，吃穿用度也不讲究，那这个坎蒂德"情感的出口"究竟在哪里呢？

儿子说，坎蒂德是个"超慈悲""超热爱大自然"的人。他去了一趟养鸡场，看到速成鸡被囚禁在不能转身的笼子里，参观者被告知不可大声讲话，否则这些心脏特别脆弱的鸡有可能当场被吓死。回来后，坎蒂德就开始吃素了。他说，他好可怜那些鸡；他还说，他有时候会莫名思念那些鸡，很想去探视它们，却又没有勇气。

三个月前，坎蒂德休假回到葡萄牙，投注了一笔巨资。

儿子让我猜猜他买了什么。

我说："别墅？土地？度假村……"

儿子说："都不是。他买了一座森林。"

休假结束回到公司，坎蒂德每天惦念他的森林。他把森林的照片一张张翻给同事们看，像炫耀自己年轻貌美的未婚妻。

他告诉我儿子说，他准备辞职，回国去照顾他的森林。他在英国置办了高档的摄像机、照相机、放大镜、显微镜，说是回去后要好好观察研究森林里的各种植物与昆虫。

2008年，剑桥大学在剑河河畔为中国诗人徐志摩立了一块大理石诗碑，碑上刻着徐志摩《再别康桥》一诗中的四句话："轻轻的我走了/正如我轻轻的来/我挥一挥衣袖/不带走一片云彩。"碑上只刻了中文，并无英文译文。坎蒂德央我儿子为他翻译。我儿子不但为他翻译了那四句诗，还告诉他说，自己的父亲也是个诗人，并且也姓徐。坎蒂德听了非常高兴。他说，他愿意随时恭候中国诗人的儿子游览葡萄牙，游览他美丽的森林。

坎蒂德是在2011年12月2日那天离开剑桥的。临走前，公司的同事们按惯例为他"凑份子"送行。一笔可观的收入打到了一张卡上，送到了他的手中。他一拿到那张卡，立刻让我儿子和他一起在网上查找非洲一个救助饥饿儿童的网站，查到后将钱悉数捐了出去。坎蒂德举着那张分文不剩的空卡，开心地对我儿子说："这个，我要收藏的。"

——我多么愿意让儿子一辈子都与这样的人共事啊！工作出色，内心澄澈，酷爱自然，悲天悯人，不为外物所役，不为虚名所累，有本事赚钱，更有本事把钱花在给生命带来无边欢悦的地方。

"永远不要丢了坎蒂德。不管多远，都与他保持联系吧。"我这样嘱咐儿子。

所有治愈，都靠自愈

因为失眠，特别眼馋那些倒头便睡的人。

北京菜户营桥下有几个钉子"睡客"。其中一个在水泥柱子下做了个窝，无冬历夏在那里睡；还有三四个，每人拥有一辆加长的排子车，除了隆冬时节，他们几乎都在，舒舒服服躺在各自的车上，睡。（我总想跑过去，恶趣味地问问他们：喂，你们是特意组团来这里睡觉的吗?）

每次路过菜户营桥，脚步都不由得放慢，看看睡客们睡得可安好。

那个有窝的，睡得尤其好！从睡姿就可以看出——四仰八叉地睡，有时还惬意地流出口水。

真羡慕他们。排子车可以当床，水泥地可以当床，真真是"善睡不择床"啊！

我是何等惭愧！啥床都伺候不了我。

妹妹家有一张雕花床，巨豪奢，巨阔大。看我满脸惊异地抚摸那床，妹妹说：最讲究的是床垫，十几万呢！

妹妹盛邀我睡在这张床上。

她关好了三层玻璃的静音窗户，拉上了双层加厚的丝绒窗帘，抱来刚刚洗好烘干的被子、枕头，对我说：我就不信你还会失眠！

结果，我照样失眠，目不交睫到天亮。

最近一次被震撼到，是在文昌的石头公园。

我们去看海。

看巨浪滔天，听涛声如雷。

在惊天动地的轰鸣中，有个男子，霸了一处最佳拍摄点，酣然大睡。

他铺了一件灰上衣，盖了一件黑上衣，枕着个鼓鼓囊囊的红色塑料袋，旁若无人地睡。

一开始，我以为他是假睡，便佯装拍照，偷眼瞧他。

真睡！绝对真睡！看样子还进入了深度睡眠状态！

有人在指着他大笑，夸张地咧着嘴，前仰后合，却半点声音没有——涛声掠走了一切响动。

老徐在另一块巨石上拍照，我急巴巴把他拽过来，将那个人指给他看。

他看了一眼，用唇语说了声"神经病"。

我高声反驳：可是，我好想跟他并排躺着……

老徐便又用唇语骂了声"神经病"。

我一直磨磨蹭蹭，不愿离开。我想等那人起来，但是，他一动不动，没有半点"起床"的意思。

蹲下来看，那人仿佛睡在荡漾的碧海之上。好飒！

他，是来这里"求治愈"的吗？

会不会，他也如我一般丢失了睡眠？在静谧的环境中睡意全无，而在这众水喧哗中，却能睡成无忧婴孩？

他是怎样找到这个妙方的呢？

离开文昌后，有好长一段时间，我临睡前要令自己想起这个"睡海"的人。冥冥中，我遣自己也去"睡海"。枕着亘古不变的波涛，藐视着自我胸中尘芥般的一粒烦恼，安然睡去。

永恒的东西，大都有治愈功效。"治愈一切的大海"，是抖音中一个话题的名字呢。

可不是，在永恒面前，荣辱哀乐，都转瞬即逝。

一粒尘芥般的忧烦，在任何一朵浪花上都休想站住脚。消逝，成了它不可抗拒的宿命。

其实，大海哪里懂得什么治愈？它只是提供了一个参照系，它让你在这个参照系面前准确地掂量出胸中那一粒忧烦的分量，从而羞愧难当地摒弃它、作别它。

有人说，所有治愈，都靠自愈。"睡海"的人也不例外，他不是被大海治愈的，他是自愈的呀！

支　柱

朋友玉江发来刘冰的一个精彩演讲视频，是讲非洲植物的。

讲到在恶劣的生存环境中如何自保时，刘冰举出了金合欢树的例子。

他说，非洲的稀树草原上生长的金合欢树，与我们常见的合欢树是"亲戚"。在干旱少雨的非洲，它们要长成一棵树，本就千难万难，还要时刻提防成为食草动物的腹中餐。

为了让自己在残酷的环境中生存下来，金合欢想出了两个办法：一是自我矮化，减少养分消耗；二是浑身长刺，确保自己这盘菜难以下咽。

天天跟合欢树打照面的我，第一次看到"刺猬合欢"，不由得惊叫连连。

我想到了海参。

海参通体是刺，但它的刺却柔软至极，不具备丝毫御敌功能。我一度认为，海参，简直活成了海洋深处的一截"黑香肠"。

直到我在海边听捞海参的老渔民讲了海参有多"不好惹"，才彻底改变了对这截"黑香肠"的看法。

原来，海参在遭遇强敌时，会将全部内脏喷射出去！强敌误以为眼前这个小东西瞬间土崩瓦解了，便欣然吞食了海参的内脏，心满意足地游走了。

舍弃了内脏的"空壳海参"大难不死，两天之后，一副全新的内脏便在它的体内完美生成。

面对"刺猬合欢"，面对"空壳海参"，我不知该说什么。早年为学生布置过的一个作文题目此刻清晰地跳到眼前——

另一个生命，是我最大的支柱。

水晶心

　　这是一个心理咨询师讲的故事。咨询师接待了一个七岁的小患者。

　　孩子的父母主诉为：这么小就厌学了！一直上着的一个绘画班，说什么都不肯去了。

　　咨询师经验十分丰富。他问孩子有什么爱好，当孩子告诉他喜欢画画时，他欢叫起来："哇！叔叔也喜欢画画耶！"

　　在咨询师的建议下，两个人开始自由作画。

　　孩子画了一棵树，光秃秃的，没有一片叶子。

　　咨询师问孩子画的是什么树，孩子回答说是银杏树。咨询师问为什么没有叶子，孩子回答说叶子都让"坏人"摘光了。

　　孩子说："我们老师让我们用银杏树的叶子做手工画，我讨厌她！小朋友们都去摘银杏树的叶子，银杏树会疼的……"

　　原来，这就是孩子"厌学"的原因啊！因为老师让同学们用银杏叶做那种流行的手工画，致使还未到落叶时节的银杏树被"听话"摘叶的孩子们弄"疼"了，所以，这个孩子认定老师"讨厌"，他便以不去上学抗议老师的"残忍"。

　　想起另一个真实的故事——

下雪了，万物都披上了银装。一个幼儿园的小朋友对老师说："老师，下雪了，院子里的雕像多冷啊！咱们去给它穿件衣服吧。"老师听了，只觉得可笑，根本没往心里去。她没想到的是，过了一会儿，又有一个小朋友跑过来向她提出了同样的请求。她心中最柔软的部分终于被触动了，于是，她和孩子们一起举行了一个为雕塑穿棉衣的仪式。

我在《心茧剥落》里曾写过一个小姑娘，当她看到妈妈买回来的鱼在流血时，赶忙找出了创可贴，让妈妈给鱼贴上。

看过丰子恺的《蚂蚁搬家》吗？当蚂蚁那长长的黑色队伍横过道路时，它们很容易被人们的鞋底踩为尘埃，那个红衣男孩不忍了，他拿出了完美的救护方案——在蚂蚁队伍上方安放了一溜小板凳，为蚂蚁们搭起了长长的安全罩棚！

怕树疼，怕雕像冷，怕鱼流血，怕蚂蚁被践踏，请不要说孩子有一颗脆弱的"玻璃心"，他们有的，是一颗晶莹剔透的"水晶心"啊！

曾几何时，我们不也是他们吗？但，我们的"水晶心"从何时开始蒙尘了呢？何止蒙尘，它连性状都大变了呀！你看到了，有人放任自家凶恶的狗去咬人，还恬不知耻地声言"我家狗吻谁谁就是它的同类"——你的"水晶心"早就被"铁石心"取代了呀！

孩子在这世上的使命之一是"唤醒"。当良知眠去，当仁爱寐魇，孩子来了，他们用看不见的小小羽翼，将大大的世界暖暖地罩住，让瑟缩寒苦的人们羞惭地省悟到，原来，只需一个转身，就能拥住春天……

疗　愈

我曾在一家花店看到店主卖一棵棉花——整棵的棉花,吐着花朵状棉絮的那种。叶子被打光了,植株上疏密有致地点缀着十几朵白白胖胖的棉花,诱得我恨不得义务给摘干净。低头瞄一眼价签,乖乖!29元!我舅舅家的棉花要是都这样卖,可就值老钱啦!

因我是那家花店的常客,跟店主说话颇随便,我逗她:"你这是从哪块地里偷来了一棵棉花呀?"她大笑:"姐姐,你倒是去偷一棵试试!这是我进的货呀,总共进了三棵,卖了两棵,还剩一棵,姐姐要是想要,优惠!"我说:"我不想要,我只是想帮你摘了这棉花。"

我一直在想,买走那两棵棉花的究竟是什么人呢?他们是不是如我一般儿时进过棉田、摘过棉花?他们在没有棉田的城市里看到一棵本真的棉花,心头一热,遂慷慨解囊,邀请那棵棉花住进装潢讲究的客厅,思乡病因而被部分治愈。

今天路过一家开业不久的花店,隔着窗玻璃,眼睛被一株特别的插花牵引,立马摁下赶路的心,毅然拐进花店。

瞧哇,这就是我看到的"插花"——

我若是跟店主熟稔,一定会打趣地问她:"你这是从谁家的柿子树上砍了这么一大根树枝呀?"

找不见价签,便向店主询价。店主热情奔放答曰:"它叫柿柿(事事)如意,仅售88元哦!"我说:"嗯,不贵。"

我为这枝柿子拍了照,发给了表弟——他家院里有一棵大柿子树。我说:"柿子别摘哈!一枝一枝地砍着卖,这样一枝可卖88块钱!"

再看柿子的隔壁,大花瓶里插着的更出人意料——居然插了一株玉米!

成熟的、紫水晶般的、半裸的玉米,骄傲地跟蝴蝶兰比肩挺立,比所有的花都打眼。

问玉米售价,店主复热情奔放答曰:"它叫紫气东来,仅售58元哦!"

好奇心促使我在花店逗留了许久,我太想目睹会是什么人扛走这棵金贵的"紫气东来"。

没有人扛走它。但迟早会有人扛走它,我相信。

我对它们的高身价,竟毫无脾气。真奇怪!

城里人真会玩——棉花整棵地卖,柿子整枝地卖,玉米整株地卖。只是,买了棉花的人不为御寒,买了柿子的人不为解馋,买了玉米的人不为爆米花。他们买回家的是秋,是美,是乡愁。

有那么一些人,远离了泥土,却不肯割断与泥土的关联;特别是,当无辜的生命一次次遭碾压、被辜负,他们遥望着回不去的故乡,用乡音一遍遍自呼乳名,泪下沾襟……于是有人摸着他们的脉,为他们量身定制了这些别致的"插花"。

就算我的房间住进它们很违和,也不妨碍我祝福它们早日寻到那虚位以待的人家,不妨碍我借助想象将自己送至那插了棉花、柿子、玉米的陌生厅堂,真诚地对来自田野的它们说:亲爱的,你的疗愈效果,定能胜过一打疗愈师……

吃苦趁年华

一个即将毕业的高三学生拿着留言簿来找我，希望我为他写一句勉励的话语。我思忖了一下，提笔写了五个字——吃苦趁年华。

我知道，这个留言簿里挤满了热切、美好的祝词——祝你成功！祝你顺利！祝你幸福！祝你甜蜜……大概，也会有风雅一些的祝词吧，比如"行到水穷处"，比如"坐看云起时"，比如"诗酒趁年华"。但我，就是要真心实意地祝你——吃苦趁年华！

世界上没有白吃的苦。吃苦就是吃补。苦中藏福。这些句子，都曾做过我文章的题目。我是吃着苦走过来的，我儿子是吃着苦走过来的。我以为，在人生的青葱岁月里吃苦，恰是锦上添花、烈火烹油。

苦是什么？首先，苦不是让你"咬得菜根，百事可为"，今天，有绿色无污染的菜根可咬，当是人生大福了呢！苦，是不期然闯进你内心去的不良况味，是不爽，是不顺，是不滋润。

2017年6月，美国首席大法官约翰·罗伯茨在他儿子的毕业典礼上为儿子和儿子的同学们呼吁过一些"苦"——

我希望你在未来岁月中，不时遭遇不公对待，这样才会理解公正的价值所在；愿你尝到背叛滋味，这会教你们领悟忠诚之重要；愿你偶尔运气不佳，这样才会意识到机遇在人生中的地位，进而理解你的成功并非命中注定，别人的失败也不是天经地义；当你遭遇失败时，愿你受到对手幸灾乐祸的嘲弄，这才会让你理解竞争精神的重要性；愿你偶尔被人忽视，这样才能学会倾听；遭受适当的痛苦，那样你就能拥有同情心；无论你我愿不愿意，这些迟早都会来临。而你能否从中获益，取决于能否参透人生苦难传递的信息。

除他列举的这些不公、背叛、背运、遭嘲弄、被忽视、蒙痛苦之外，你还可以试着再补充一些：被亏待、被鄙视、被排挤、被怀疑、被诋毁、被围攻……总之，都是一些你避之唯恐不及的东西。

正像约翰·罗伯茨不是积极为他儿子驱逐而是热切呼唤上述种种不顺、不爽、不滋润一样，我也切望你在大好年华里不避苦味、迎苦而上。

孩子，这不是诅咒，这是真正的祝福。

不要总试图活成别人，不要总试图活成超人。"佛系"是逃避，"神系"是自嗨，"魔系"是装狠。活出个人样儿来吧！在输得起的岁月里，就要畅快淋漓地输他几回。输过，才能获得可贵的精神免疫，才能在向晚的风中站成一座不可撼动的雕像。

一个医生朋友曾告诉我说，骨折后，愈合处会慢慢结骨痂，而骨痂，比骨头本身要坚固数倍！我暗想，那骨痂，可真是无愧那一场撕心裂肺的痛啊！

一帆风顺是另一种不幸，别在最能吃苦的年纪选择安逸，这些话，你能真正读懂吗？锦绣年华，事事顺当，不知苦为何物，不知痛为何物，抗挫力自然会知趣地退化；然而，就在你误以为人生恍若一块方糖时，苦，猝不及防地偷袭了你，一滴苦，也会被你解读为无边苦海，因为，你丝毫不具备对苦的免疫力。

《反脆弱》一书的开篇写道：风能吹灭蜡烛，却会使火越烧越旺！风，是蜡烛的克星，却是火的福星。这多像苦，它倾覆了弱者，却成全了强者。

吃苦趁年华。你愿意将这五个字送给自己和自己深爱的人吗？

傲视凋零

"你有一个对不起,你知道吗?"多年前曾有一个人严肃地对我说。

我一惊:"我对不起谁呀?"

那人说:"你对不起送走的岁月!"

——哈哈!原来,人家是在用这种"话术"恭维我长得年轻!

一连几日,我都在心里回味这句话。我问自己,我果真能配得上这个妙趣横生的句子吗?虽说我怀揣的"年轻执念"远非深重,但我也并不排斥成为那个"眼中写满故事,脸上不染风霜"的幸运儿啊!

后来,我慢慢逃离了那个沉溺于"冻龄梦"的自己。

——别扯了!尘世间,哪有"对不起送走的岁月"的人?光阴年年岁岁都在你身上偷偷打个戳儿。——漏打?没门儿!

放眼望去,信奉"姑娘教"的女人真可谓多如牛毛。"冻龄教主"们在冻住年龄上所花的心思和银子往往都是不可告人的。

我有个朋友长得有几分像林青霞。我为她拍过两张小照,简直就是"林大美女本尊"了。因了这个,我似乎变得跟林青霞特别亲近起来,在网上瞄到她的照片或视频,就狠劲儿瞧。

那日看到林青霞的近照，心一沉，想：唉，岁月果真是把杀猪刀……

"快看！林青霞在晒她的化妆台了！"这是我那个长得像林青霞的朋友发给我的微信。

林青霞宽大的化妆台上，摆满了高级的"精神化妆品"——书。

晚年的林青霞，俨然成为一个地道的读书人和作家了。

林青霞已经出版了三本书：《窗里窗外》《云去云来》和《镜前镜后》。

她说，她生日的时候，大女儿送给了她一份特别贴心的礼物——木雕书立。在书立的左侧，雕了一个马头（因为林青霞属马）。当一家人郑重地将林青霞的三部大作夹于书立之中，女寿星冒出了一个念头——她要写更多的书，让这个书立"越拉越宽，越拉越宽"。

我长长出了一口气，想，这个女人，有了对抗衰老的精良武器了。她宽大的化妆台，从此真的可以睥睨胭脂花粉了。

拼鲜、拼嫩、拼颜、拼潮，对女人而言，这一页应当有，但，在这一页上缠绵留恋过久，甚至做稳了这一页的"奴隶"，那就注定苦厚甘薄了。

当岁月无情地敛走了青春的嫣红，我们是不是应当像林青霞那样，从容拿出另一样嫣红报复岁月的无情？

打肉毒素，抚不平我们心上的皱纹。特别是，当我们的世界越缩越小，当我们的心眸"老眼昏花"，丧失了关乎黑白、美丑的判断，当早间新闻变成了我们晨起揽镜时颊上一道惊心动魄的沟壑，当我们不再关心自我的心跳是否与时代的脉搏同频共振，当我们对着镜子里那无奈逝去的嫣红，却两手空空，根本拿不出另一样嫣红去傲视凋零，我们，可就是货真价实的老妪一枚喽。

我的肝，你拿去用吧

隔着九载烟尘，我问候史铁生，问候他存留于这尘世间的"部分生命"——他的肝脏，他的角膜。

如果我能于万人丛中晤见那幸运的受捐者，我定会轻轻摇着他的手说："谢谢你让那个人依然活着！如果你肯赏脸，我们陪他一起去喝杯咖啡，好吗？"

他那么"贫寒"，我说的是健康。

"我的职业是生病，业余写一点东西。"他说。

生命，娇贵的生命，佳妙的生命，仙境般的生命啊！

甫一搭上"生命列车"，我们满眼美景，满心欣悦。我们几乎谁都难以逆料，有一部分"自己"会提前下车，就像太多人难以逆料有朝一日自己下车后，还能有一部分"自己"依然留下充当列车上的乘客。前者如史铁生的腿和他的肾，后者如史铁生的肝和他的眼。

我常想，人，究竟是怎样修炼来了一点点与自我身体告别的度量呢？这个过程，伴着血，伴着泪，伴着可诉人与不可诉人的悲怆苦痛。

"文章憎命达，魑魅喜人过。"因为不被上帝厚待，这个人，被缪斯深情地拥入了怀中。史铁生，是缪斯送给死气沉沉的中国当代文坛的一个神妙童话。他飞翔，带动一架轮椅。

讲《我与地坛》的时候，趁着回身板书，偷拭了两滴清泪。我以为没人看到，可我的课代表悄悄递给了我一块纸巾……

我想到了他那句泣血的话语——生命中永远有一个"更"。

坐在轮椅上，怀念能跑能跳的好时光；

长了褥疮，怀念安稳地坐在轮椅上的好时光；

得了尿毒症，怀念生了褥疮但依然可以安坐在轮椅上的好时光；

每周三次透析，怀念生了褥疮、患了尿毒症却依然可以清醒思考的好时光……

因为不断受锤，所以他对疼痛有着超乎寻常的感受。他推己及人，越发哀怜起那些正在受锤的无辜生命。

他生前多次向夫人陈希米表示，只要身上还有一件对他人有用的器官，在他离世后一定"无保留、无条件"地将它们捐赠给需要者。你瞧，史铁生多么善于"报复"——你投我一座冰川，我报你一轮朝日！

九年前的今天，那个轮椅上的非凡生命慢慢停止了呼吸，表情安详得像个熟睡的婴孩。医护人员们庄严地走向他，在《安魂曲》中，向这个把后事安排得完美无憾的人三鞠躬。九个小时后，史铁生的肝脏、角膜在两个幸运儿身上奏响生命华章。

——给，这是我的肝，请拿去用吧！

——给，这是我的眼，请拿去用吧！

史铁生说过："死是一个必然会降临的节日。"我曾万分纳罕：他缘何不说"日子"而说"节日"？直到那一天，我才彻底明白了这"节日"的确切含义——嗯，他真的把那个日子变成了受捐者的"生日"与"节日"啊！

《让"死"活下去》,这是陈希米的书的名字。生生往"死"里揳进去一个"活",史铁生做到了。

他不"贫寒",他很"丰裕"。

愿他捐出的肝,能分解你我生命的毒素。

愿他捐出的眼,能馈赠你我恒久的光明……

世界以痛吻我

　　世界以痛吻我，要我回报以歌。这凝重的诗句，是泰戈尔的。

　　我不知道这两句诗的原文是怎样写的，但觉得翻译得妙。有一回，我的一个学生发来短信，说她被至爱的人辜负得很惨，她写道："我恨他，因为他让我恨了这世界！"我连忙把泰戈尔的这两句诗发给她，并解释说，那所有以痛吻我们的，都是要我们回报以歌的；如果我们以痛报痛、以恨报恨，甚至无休止地复制、扩大那痛与恨，那我们可就蚀本了。她痛苦不堪地回复我说："可是老师，我真的是无歌可唱啊！"

　　——是呢，世界不由分说地将那撕心裂肺的痛强加于我，我脆弱的生命，被"痛"的火舌舔舐得体无完肤了，连同我的喉咙——那歌声的通道——也即将被舔舐得焦煳了啊！这时候，你却隔岸观火般地要我"回报以歌"，我哪里有歌可唱？

　　回望来路，我不也有过许多"无歌可唱"的时刻吗？

　　我曾经是个不会消化痛苦的人。何止是不会消化，简直就是个痛苦的"放大器"。那一年，生活给了我一滴海水，我却以为整个海洋都被打翻了，于是，我的世界也被打翻了，我浑身战栗，却哭不出来，仿佛是，泪已让恨烘干；后来，生活又给了我一瓢海水，我哭了，却没有生出整个海洋被打翻的错觉；再后来，生活兜头泼过来一盆海水，我打了个寒战，转而告诉自己，这不过是一盆海水，再凶狂，也淹没不了岸；终于有一天，生活打翻了海洋给我看，我悲苦地承受着，却没有忘了从这悲苦中抬起头来，对惦念我的人说"我没事儿，真的"……

任何人，都不可能侥幸获得"痛吻"的豁免权。"痛吻"，是生活强行赠予我们的一件狰狞礼物，要也得要，不要也得要。只是，当我站在今天的风中，回忆起那一滴被我解读成海洋的海水的时候，禁不住发出了哂笑。好为当年那个浑身战栗的自己难为情啊！如果可能，真想将自己送回岁月深处，让自己怡然倚在那个"一滴海水"事件上洒脱地唱上几首歌。

唱歌的心情是这样姗姗来迟。虽则滞后，但毕竟有来的理由啊；我更担忧的是，当"理由"被砍伐尽净的时候，我们的歌喉，将以怎样的方式颤动？

从不消化痛苦到消化痛苦，这一个比一个更深的悲戚足迹，记录一个人真正长大的过程。

世界以痛吻我，要我回报以歌。说这话的人是个被上帝亲吻过歌喉的伟大歌者。他以自己的灵魂歌唱。而拙于歌唱的我们，愿不愿意活在自己如歌的心情之中呢——不因"痛吻"的狰狞而贬抑了整个世界；学会将那个精神的自我送到一个更高的楼台上去俯瞰今天那个被负面事件包围了的自我；不虐待自我，始终对自我保持深度好感；相信歌声的力量，相信明快的音符里住着主宰明天的神；试着教自己说：拿出勇气去改变那能够改变的，拿出胸怀去接受那不能改变的，拿出智慧去区分这两者。

不仅仅是如歌的心情，我们甚至还可以奉上自己的"行为艺术"

啊！永记儿时的一个夏天，我和妹妹外出突遇冰雹，我们慌忙学着别人的样子脱掉外衣，却不约而同地去对方头上遮挡……世界"痛吻"着太多的人，当你想到分担别人的痛苦的时候，你自己的痛苦就会神奇地减淡。

盼着自己能够说：世界以痛吻我，我要（而非"要我"）回报以歌！

——天气多好哇！连花儿都想唱歌了呀！真想问问远方那个说自己"无歌可唱"的女孩：宝贝，今天可有唱歌的心情？

眼　光

夜读蔡澜，读到一个好玩的故事。

一个七十多岁的老爷子，擅长在陶器、瓷器上绘画，其作品价格不菲。

有一回，他将手绘的碗、碟寄给远方的晚辈。晚辈收到后，立刻将这些宝贝小心收了起来。他的理由是：那么有名的人做的东西，当然不能给小孩子们用，打烂了太可惜。

老爷子知道后大喝一声："你说些什么鬼话！有形状的东西总会坏的。从小不用好的东西，长大之后眼光就不够！"

那个晚辈听后脑洞大开，从此全家戒了廉价碗碟，开始用讲究的器物培养孩子们的"眼光"。

不由得想起著名建筑学家路易斯·康的一段妙论："在一个儿童的成长过程中，优秀的城市环境将会告诉他应该做的事和如何去做。"

其实，路易斯·康说的也是"眼光"培养的问题。优美的城市环境，赋予孩子非凡的审美眼光。无须刻意教导，他就学会了评判，学会了扬弃。

"幼学如漆"，这是一个多么"可怕"的词。人在幼年看到、学到的东西，会与生命长成一个儿，轻易不会剥蚀、消散。

关于这一点，诗人惠特曼是这样表达的：

> 有一个孩子每天向前走去，
> 他看见最初的东西，
> 他就变成那东西，
> 那东西就变成了他的一部分……

走笔至此，我突然打了个激灵。我问自己：我给孩子最好的东西了吗？多少次，我以"小孩子懂什么""小孩子不值得""小孩子配不上"为由，堂而皇之把那最好的东西收走，就像上文中那位先生收走昂贵的碗碟。

在一个人最适宜获得"眼光"的年龄，我们没有关照他的"眼光"；待这个人长成，我们却抱怨他"没眼光"，这不公平。

今天，我们还会说"升米恩，斗米仇"吗？

高考在即，某市一个语文同行发来他们的最后一份语文模拟试卷。

作文题是这样的：某市有一家免费馒头店，店老板叫阿峰。整整十年，阿峰做的馒头只送不卖。但是，到了2021年底，这家免费馒头店经营不下去了，既有资金问题，也有其他问题。无奈之下，阿峰只好关停了免费馒头店。然而，上上下下都不干了。政府、企业、市民，都觉得这个店必须开下去！于是，他们热情地伸出援手，为阿峰捐出了重启免费馒头店的资金。阿峰备受感动，在关停免费馒头店数月之后，再次踏上了他的爱心之旅；而那些环卫工、农民工、拾荒者、求职大学生等食客，重又吃上了阿峰的免费馒头。一个受益者激动地说，十年来，他在阿峰的小店吃的馒头加起来价值已超过三万元！

好，爱心故事讲完了，接下来，就是让同学们就此话题写一篇作文。

同行发来了六七篇作文给我看。

看作文之前，我先默默揣想：孩子们该怎样立意呢？大概是为阿峰点赞、为帮助阿峰重启馒头店的爱心人士点赞吧。

嗯，我猜对了。

孩子们都把这篇作文写成了赞歌作文。这很好。因为这恰好摸准了出题人的脉。

但是，我心里冒出一个不合时宜的作文题目《吐血也得开"免费馒头店"？凭啥！》。

"升米恩，斗米仇"，古人留下来的这六个字，我们还会写吗？

——当我们看到别人落难，捐出一升米，可以让对方铭恩；捐出一斗米（一升的十倍），则会让对方记仇。

把"升米恩，斗米仇"套到阿峰身上，那就是，他偶尔向需要的人施舍几个馒头，可以换来一个"恩"字；但他十数年如一日无休止地施舍馒头，换来的则是一个"仇"字。

这么说是不是很令人费解？

你可能说，作为一个受益人，岂不是多多益善？你施舍我一升米、一斗米、一石米、百石米……我接受起来也绝不手软！更不会记仇的呀！

这就是今人和古人的区别。

——古人要脸。

古人说"升米恩，斗米仇"，我以为是基于以下六方面的考虑——

一、无度施恩会令受益者生出贪婪、懒惰之心。

二、无度施恩会令受益者以为你天生贱种、懦弱可欺。

三、无度施恩一旦出于这样或那样的原因"断供"，受益者就会生出怨恨之心。

四、无度施恩会令良知未泯的受益者感到自尊受损，承受沉重的"道德压力"。

五、无度施恩不应由个人勉为其难地承担。

六、无度施恩会令你的恩情大到无以为报，所以受益者往往只剩了一条路可走——反目成仇。(还记得丛飞吗?)

今天看到"热搜榜"上有一条热搜格外打眼:《过多捐赠只能带来坏处》。

这话是支教老师侯长亮说的。

支教十一年,他目睹了太多的"过度救济"。他说:通过付出得到回报,才有尊严、有力量、有自信。

侯长亮老师讲了这样一个故事:

有天我在学校走廊上吃早饭,一个一年级小男孩,来得很早,他拿着三块钱,仰着头,很自豪地跟我说,老师你看,昨天下午放学,我去采金钱花,挣了三块钱!那种自豪感,是通过劳动得来的,给他三千块钱捐赠,都起不了那个作用。

——不劳而获,只能带来短暂的满足和长期的能力退化。

我想知道,那个在阿峰的馒头店累计吃了三万块钱免费馒头的食客,到底被谁劈手夺走了"有尊严、有力量、有自信"的生活?

曾看到过一句话,特别适合送给阿峰和那些对阿峰进行道德绑架的人们:你的善良,必须有点锋芒!

铭记"升米恩,斗米仇"的古训,施恩有度,行善有方,如此,方能予人尊严,自获尊严。

但是,如果学生作文这样写,会及格吗?

不顾一切地老去

天光有些暗。我侧脸照了一下镜子,竟被镜中的影像吓了一跳。那个瞬间的我,像极了自己的母亲;一愣神儿的工夫,我越发惊惧了,因为,镜中的影像,居然又有几分像我的外祖母了。我赶忙撤亮了灯,让镜中那个人的眉眼从混沌中浮出来。

——这么快,我就撵上了她们。

母亲有一件灰绿色的法兰绒袄子。盆领,泡泡袖,掐腰,用今天的话说,是"很萌"的款式。大约是我读初二那年,母亲朝我抖开那件袄子说:"试试看。"我眼睛一亮——好俏气的衣裳!穿在身上,刚刚好。我问母亲:"哪来的?"母亲说:"我在文化馆上班的时候穿的呀。"我大笑,问母亲:"你真的这么瘦过?"

后来,那件衣服传到了妹妹手上。她拎着那件衣服,不依不饶地追着我问:"姐姐,你穿过这件衣服?你真的那么瘦过吗?"

现在,那件衣服早没了尸首。要是它还在,该轮到妹妹的孩子追着妹妹问这句话了吧。

人说,人生禁不住"三晃":一晃,大了;一晃,老了;一晃,没了。

我在晃。

我们在晃。

记得一个爱美的女子曾说过这样一段话——揽镜自照，小心翼翼地问候一道初起的皱纹："你是路过这里的吧？"皱纹不搭腔，亦不离开。几天后，再讨好般问一遍："你是来旅游的吗？"皱纹不搭腔，亦不离开。照镜的人恼了，遂对着皱纹大叫："你以为我有那么天真吗！我早知道你既不是路过，也不是旅游，你是来定居的呀！"

有个写诗的女友，是个高中生的妈妈了，夫妻间惟剩了亲情。一天早晨她打来电话，跟我说："喂，小声告诉你——我梦见自己在大街上捡了个情人！"还是她，一连看了八遍《廊桥遗梦》。"罗伯特站在雨中，稀疏的白发，被雨水冲得一绺一绺的，悲伤地贴在额前；他痴情地望着车窗里的弗朗西斯卡，用眼睛诉说着他对四天来所发生的一切的刻骨珍惜。但是，一切都不可能再回来了……我哭啊，哭啊。你知道吗？我跟着罗伯特失恋了八次啊！"——爱上爱情的人，最是被时光的锯子锯得痛。

老，不会放掉任何一个人。

生命，不顾一切地老去。

多年前，上晚自习的时候，一个女生跑到讲桌前问我："老师，什么叫'岁月不饶人'啊？"我说："就是岁月不放过任何一个人。"她越发蒙了："啊？难道是说，岁月要把人们都给抓起来吗？"我笑出了声，惹得全班同学都抬头看。我慌忙捂住嘴，在纸上给她写了五个字："时光催人老。"她似懂非懂地点点头，回到座位上去了。其实，再下去几十年，她定会无师自通知晓这个词组的确切含义。当她看到满街的娃娃脸，当她邂逅了第一道前来定居的皱纹，当她的爱不再有花开，她会长叹一声，说："岁月果真不饶人啊！"

深秋时节，握着林清玄的手，对他说："我是你的资深拥趸呢！"

想举个例子当佐证，却不合时宜地想起了他《在云上》一书中的那段话：一想到我这篇文章的寿命必将长于我的寿命，哀伤的老泪就止不住滚了下来……这分明是个欢悦的时刻，我却偏偏想起了这不欢悦的句子。——它们，在我的生命里根扎得深啊！

萧瑟，悄然包抄了生命，被围困的人，无可逃遁。

离开腮红就不自信了。知道许多安眠药的名字了。看到老树著新花会半晌驻足了。讲欧阳修的《秋声赋》越来越有感觉了。

不再用刻薄的语言贬损那些装嫩卖萌的人。不经意间窥见那脂粉下纵横交错的纹路，会慈悲地用视线转移法来关照对方脆弱的虚荣心。

柳永有词道："是处红衰绿减，苒苒物华休。"这样的句子，年少时根本就入眼不入心。于今却是一读一心悸，一读一唏嘘。说起来，我多么为梅丽尔·斯特里普和克林特·伊斯特伍德这两个演员庆幸，如果他们是在自己的青葱岁月中冒失闯进《廊桥遗梦》，轻浅的他们，怎能神奇地将自我与角色打烂后重新捏合成一对完美到让人窒息的厚重形象？

不饶人的岁月，在催人老的同时，也慨然沉淀了太多的大爱与大智，让你学会思、学会悟、学会怜、学会舍。

去探望一位百岁老人。清楚地记得，在校史纪念册上，他就是那个掷铁饼的英俊少年。颓然枯坐、耳聋眼花的他，执意让保姆拿出他的画来给我看。画拿出来了，是一叠皱巴巴的仕女图。每个仕女都画得那么难看，像幼稚园小朋友的涂鸦。但是，这并不妨碍我兴致勃勃地欣赏。

唉，这个眼看要被"三晃"晃得灰飞烟灭的生命啊，可还记得母校操场上那个掷铁饼的小小少年？如果那小小少年从照片中翩然走出，能够认出这须眉皆白的老者就是当年的自己吗？

——从子宫到坟墓，生命不过是这中间的一小段路程。

我们回不到昨天；明天的我们，又将比今天凋萎一些。那么，就让我们带着三分庆幸七分无奈，宴飨此刻的完美吧……

如果你唱得好

我带着高二年级的学生玩"接句"的游戏。

我给出的上句,是一个名叫"小娟"的弹唱艺人讲的。她说:"如果你唱得好……"我让我的学生们展开想象,补写这个假设句。我的要求是:写出自己真实的想法,不要曲意迎合老师。

学生们的"接句"五花八门。概列如下:

学生甲——那你就可以上"春晚"了。

学生乙——那你的粉丝就会特别多。

学生丙——那就会有唱片公司主动上门与你签约。

学生丁——那你就不用参加高考了。

学生戊——那你以后就不用过上班打卡的日子了。

学生己——那你就可以办个培训班了。

学生庚——那你就可以嫁得好。

学生辛——那你就会招来很多人的羡慕、嫉妒、恨。

学生壬——那你就可以像刘晓庆所说的那样"用每一分钟挣名挣利"。

学生癸——那你的邻居可就要遭殃了,因为你会一天到晚唱个不停。

……

学生们嚷嚷着要看"标准答案"。我说：

你所写的，就是你自己的"标准答案"。你的"接句"里盛放着你一颗不走样的心。我曾经写过一篇文章，题目就叫《人生没有错误的台词》。就算是你不假思索脱口而出的句子，也可以出卖你。在你们看来，如果一个人唱得足够好，他就可以过锦衣玉食的日子，他就可以成为名利场上的大赢家；上天赏给了他一副好嗓子，他就获得了痛苦的"豁免权"——不用高考了，不用打卡了。总之就是：好事追着他，坏事躲着他。你们掉进了一个陷阱——你们跋扈地让这个人以"唱得好"为资本，去换取在你看来最为紧要的东西。

你们都知道"价值观"这个词。"价值观"其实就是"观价值"——你怎样观瞧一个事物的价值？你更看重的究竟是什么？价值观这东西，通常是看不见、摸不着的。但是，每一个人其实都很难藏起自己的价值观。比如刚才你做接句练习的时候，你的价值观就稳稳地操控着你的笔。那落在纸上的句子，不是你说出来的，而是你的价值观说出来的。你笔端流出的，就是你心中最想要的东西。你几乎没有"说错"的可能。

蒋勋先生写过一本书，书名叫《生活十讲》。书中有一个章节，是专门谈"物化"的。什么叫"物化"？"物化"就是指商业社会中的人们对物质的过度追求。蒋勋先生痛惜人们"因为物化而迷失，因为物化而失去快乐"。当一个人立志将自己变成赚钱工具的时候，就等于主动典当了自己的灵魂，阉割了自己的生命。彩虹、流星、涛声、鸟语，这些他都可以视而不见、充耳不闻。他沦为了金钱的奴隶，一辈子给金钱打工。他的生命因此变得干瘪丑陋。

物化时代，我们究竟应该拥有怎样的价值观？这个问题值得我们每一个人认真思考。当一个人拥有了某种天分，除了跟名利挂钩，还可能得到怎样的奖赏呢？比如这个小娟，"唱得好"这件事，给她的身心带来了怎样的欢愉？——好吧，让我们来看看这个句子的提供者小娟是怎么说的吧——

"如果你唱得好，院子里的树就比较绿。"

在微饥中惜福

突然问了自己一个问题：我有多久没有饥饿感了？

我回答不上来，大概有好久好久了吧。总是饱饱的，等不到饥饿感光顾，就又开始吃东西了。我是一个热爱食物的人，尤其热爱谷物。看到减肥的朋友米面丝毫不敢沾，内心充满了对这些饥民的同情。

听母亲说，我的祖父在年轻的时候外出讨饭，饿死在了路上。我常常抑制不住地揣想那悲惨情形，恨不得穿越时光跑到我年轻的祖父身边，递给他一个神圣的馒头。我的母亲也曾饱受饥饿之苦，她说："有一回，我跟你二舅饿得要晕过去了，就一人喝了一碗凉水吃了两瓣蒜。"

我的母亲捍卫起过期食品来十分卖力。我要扔掉一袋过期饼干，她连忙夺过去，打开袋子，三块三块地吃，边吃边说好吃。我再执意要扔掉某种过期到不像话的食品，她就急了，说："我也过期了！你把我也扔了算了！"

挨过饿的人，对食物怀有一种近乎畸态的珍爱。

电视上一个老红军回忆说，爬雪山、过草地的时候，他们吃皮带充饥。妹妹的孩子好奇地问："皮带怎么可以吃呢？"妹妹说："因为是牛皮的吧。"妹妹的孩子继续追问："那他们为什么不吃牛肉呢？"——这个孩子一向视食物如寇仇，以她现有的理解力，断不会明白人何以会饿到吃皮带的程度的。

目下，"仇饭"的孩子可真多啊。蒋雯丽在一个广告中对她的"女儿"发飙，因为女孩把盛了白米饭的碗狠狠地推到了一边。还有一档电视节目，索性就叫"饭没了秀"，用这样一个名字鼓励想上电视或看电视的小朋友好好吃饭。有个老教师跟我诉苦："早些年，我跟学生们说，今天你不努力学习，明天你就没有饭吃，他们就乖乖低头念书了；现在，我再这么说，他们居然鼓掌欢呼说，没饭吃才好呢，谁愿意吃饭！"

在这些"仇饭"孩子的对面，站着一些同样令人担忧的孩子，我管他们叫"饕餮一族"。我有个朋友的孩子，酷爱肯德基的炸鸡腿，一顿可以消灭六个。他的父母向我们描述起可爱的宝贝连吃六个炸鸡腿时的情形，仿佛在夸耀一个战功赫赫的将军，崇敬之情，溢于言表。可怜这个小胖墩，刚刚过了十三岁生日，却已是个资深脂肪肝患者了。

仇饭与饕餮，都是对饭的不敬。

有一次，我和一位姓刘的女士对坐用餐。我们吃的是份饭。面对一个馒头和一荤一素两个简单的菜，刘女士双手合十，闭目默祷。我拿起的筷子倏然停在了空中……她吃得那么香甜，我甚至怀疑是她的祷告词为那寡淡的菜蔬添加了别样的滋味。据说僧人用斋时要"心存五观"："计功多少，量彼来处；忖己德行，全缺应供；防心离过，贪等为宗；正事良药，为疗形枯；为成道业，应受此食。"用斋亦如用功，不可出声，不可恣动。

我常想，对寻常的一蔬一饭都怀有敬畏感的人，一定不会漠视造物的种种赐予吧。

听一个医生说，适度的饥饿感是有益健康的。他说，人在不饥饿的时候，巨噬细胞也不饥饿，它便不肯履行自己的职责；只有人有饥饿感的时候，巨噬细胞才活跃起来，吞噬死亡细胞，扮演起人体清道夫的角色。他甚至说："饥饿不是药，比药还重要。"被饥饿感长久疏离的我，多么想要这样一种感觉——饥肠辘辘之时，捧起一个刚出屉的馒头，吃出浓浓麦香。

尼采说："幸福就是适度贫困。"一部分先富起来的国人听到这话肯定很不爽吧？他们可能会骂尼采在胡说，骂他吃不到葡萄说葡萄酸。——我们好不容易富起来了，你却跟我们扯什么"适度贫困"，去你的吧！

食物富足了之后让人适度饥饿，跟钞票宽裕了之后让人适度贫困一样惹人不快。曾几何时，贫困和饥饿恣意践踏无辜的生命；今天，走向小康的我们还不该报复性地挥霍一番吗？就这样，浅薄的炫富断送了必要的理性，餐桌上的神圣感迟迟不肯降临……

我多么喜欢为母亲炒几个可口的小菜，再陪她慢慢吃。那么享受，那么陶醉。我知道我总是试图替岁月偿还它亏欠母亲的那一餐餐的饭。菜炒咸了，母亲说正好；菜炒煳了，母亲说不碍。我带着母亲下馆子，吃完了饭打包，她跟服务员说："除了盘子不要，其余都要。"

在物质极为丰富的今天，为了铭记伤痛，为了留住健康，为了感谢天恩，我们太应该唤醒自己对一蔬一饭的敬畏感，在珍爱中祝祷，在微饥中惜福，在宴飨中感恩——不是吗？

留钱做什么

我友，一日饮醉，对我说："你信不信，我的存款，到我孙子那辈都花不完！"我说："我信。不过，老辈子有句话，叫'儿孙自有儿孙福'，你真的没必要给儿孙留那么多。"他笑了，说："什么叫福？钱多才叫福！我上半辈子穷怕了，我不能让我的儿子、孙子再重复我的穷。我就是要让他们守着一座金山，过像样的日子。"

他说的是真心话。我们身边有太多这样的人——但有一分钱，留与子孙花。仿佛我们今天多留一些钱给他们，他们的日子就能增加一些甘甜与色彩。我们有没有认真想过，"一座金山"与"像样的日子"之间果真有因果关系吗？

林则徐说过一段发人深省的话："子孙若如我，留钱做什么？贤而多财，则损其志。子孙不如我，留钱做什么？愚而多财，益增其过。"这话说得何其透辟，又何其超脱！子孙如果像我一样卓异，那么，我就没必要留钱给他，贤能却拥有过多钱财，会消磨他的斗志；子孙如果是平庸之辈，那么，我也没必要留钱给他，愚钝却拥有过多钱财，会增加他的过失。今天，能真正读懂并愿意践行林则徐这段话的又有多少人呢？

我教的学生中有许多富家子弟，他们大都精神萎靡，学习动力欠缺。我知道，在他们心里有一个声音：父母早为我打下铁的江山了，我必须竭力拿平庸去"报答"父母的一片苦心！

心理学上有一个著名的"不值得定律"——不值得做的事情，就不值得做好。想想看，拥有了一座金山的人，又怎会甘心每天汗流浃背地去沙中淘金呢？而带着"不值得"的心理去学习、去工作的人，所收获到的，也必将是一个"不值得"的人生。

有太多的同胞看不懂那些捐款捐到令人发晕的外国人。当听说"世界第二富"的股神巴菲特要捐出99%的个人财富时，我的一个同事说："那他的后代还不得气疯了？"我想，她一定没听说过那个发生在巴菲特和他小儿子身上的故事：巴菲特的小儿子彼得酷爱音乐，在他搬到密尔沃基市前，开口向父亲借钱（这是彼得唯一一次向父亲借钱），却被拒绝了，巴菲特的理由是"钱会让我们纯洁的父子关系变得复杂"，后来，彼得气愤地去银行贷了款。他说："在还贷的过程中，我学到的远比从父亲那里接受无息贷款多得多。现在想来，父亲的观点对极了。"彼得说，他至死都不会忘掉父亲说过的那句话："有时你给孩子一把金汤匙，没准是把金匕首。"

你若真爱自己的孩子，就不妨在金钱上对他吝啬一些，别用一把"金匕首"伤了他、害了他。既然你把他带到这个世界上来，你就该看重他生命的尊严，把创造的权力还给他，让他流汗、流泪、流血，让他在无人撑伞的雨中奋力奔跑，让他拼死追求那个"最好的自己"，让他用自己亲手打造的"金汤匙"喝到人间至美的羹汤吧……

精神灿烂

凡清代画家石涛看得上眼的书画，定然符合他给出的一个标准，那就是——精神灿烂。

自打这个词语植入我的心壤，我发现自己几乎是依赖上了这种表达。看到一株树生得蓬勃，便夸它"精神灿烂"；看到一枝花开得忘情，也赞它"精神灿烂"。在厨房的角落，惊喜地发现一棵被遗忘的葱居然自顾自地挺出了一个娇嫩花苞，也慨然颂之"精神灿烂"。

在清末绣娘沈寿艺术馆，驻足于沈寿精美绝伦的绣品前，我一下子就明白了，为何这个女子能让一代魁星巨贾张謇为她写出"因君强饭我加餐"的浓情诗句，她将灿烂之精神交付针线，那细密的针脚里，摇曳着她饱满多姿的生命。她锦绣的心思，炫动烂漫，无人能及。

学校的走廊里挂着一些老照片，尤喜其中一幅，青年学子在文艺会演中夺了奖，带着夸张的妆容，在镜头前由衷地、卖力地笑。我相信，每一个从这幅照片前经过的人，不管揣了怎样沉沉的心事，都会被那笑的洪流不由分说地裹挟了，让自己的心也跟着泛起一朵欢悦的浪花。

美国著名插画家塔莎奶奶最欣赏萧伯纳的一句话："只有年少时

拥有年轻,是件可怕的事。"为了让"年轻"永驻,她不惜花费三十年的光阴,在荒野上建成了鲜花盛开的美丽农庄。她守着如花的生命,怀着如花的心情,把每一个平凡的日子都过成美妙童话。满脸皱纹如菊、双手青筋如虬的她,扎着俏丽的小花巾,穿着素色布裙,赤着脚,修剪草坪,逗弄小狗,泛舟清溪,吟诗作画。她说,下过雪后,她喜欢去寻觅动物的足迹,她把鼹鼠的足迹比喻成"一串项链",她把小鸟的足迹比喻成"蕾丝花纹"。九十二岁依然美丽优雅的女人,告诉世界,精神灿烂,可以击溃衰老。

在石涛看来,"精神灿烂"的对面,颓然站立着的是"浅薄无神"。我多么怕,怕太多的人被它巨大的阴影罩住。我们的灵魂情态,我们的生命状态,一旦陷入"浅薄无神"的泥淖,它所娩出的产品(无论是精神的还是物质的)定然是劣质的、速朽的,甚至是富含毒素的……

相信吧!一个精神灿烂的人,可以活成一座花园;一个精神灿烂的群体,可以活成一种传奇。

她被金子绊倒在贫困中

先爱上了《黄金时代》的海报——恣意泼墨，恣意流金；汤唯饰演的萧红，就在这墨色与金色中黯然回眸，仿佛三十一岁的生命对纷扰人世的最后一次顾盼。

三个钟头的电影，因过于忠于史料而显得不跳脱、不讨巧，故而被人斥为"不叫座的野心之作"；但对一个在大学课堂上屡屡与那些"视文学如宗教"的妙人们打照面的"中文系"老学生而言，这部电影"神还原"了三十年代中国文坛的璀璨群像，解人饥渴，慰人相思，发人驰念，引人高蹈，故称之为"传记类影片的扛鼎之作"亦不为过。

影片之所以叫《黄金时代》，除却为了表明这是中国文坛的"黄金时代"之外，还因为：

一、萧红在写给萧军的信中说："就在这沉默中，突然像有警钟似的来到我的心上：这不就是我的黄金时代吗？此刻。"

二、虽则被辜负，萧红的心却始终畅游在爱河里，这何尝不是她这个善爱者的"黄金时代"？但我们又不得不遗憾地承认，萧红，被文学和爱情这两块金子结结实实地绊倒在了贫困中，一生难昂首。

其实，直到她作别这个世界，她文学的"黄金时代"也还没有到来，她最中意的长篇小说尚未完稿，她叹："我将与蓝天碧水永处，留下那半部《红楼》给别人写了。半生尽遭白眼冷遇，身先死，不甘，不甘！"她爱情的"黄金时代"也还没有到来，汪恩甲、陆哲舜、萧军、端木蕻良、骆宾基，过尽千帆，皆不是这个死心塌地地"爱上爱情"的女子所要的爱人。

丁玲说过一句咒语般的预言："萧红绝不会长寿的。"

是的，萧红在生命的舞台上入戏太深，情深不寿，理所当然。萧红自己分明也预感到了这一点，所以，她在这"压缩版"的人生里分秒必争地写着，爱着，诗意着，失意着。

在不必吃黑列巴蘸盐粒的今天，丰富的美食能喂养出萧红那样丰腴的灵魂吗？谁肯像她那样目光自觉谦卑地向下，悲悯且温存地关注"生死场"上那些"蝼蚁般活着，普通且粗鲁"的小人物，舍了命地为他们造像，为他们歌哭？

萧红没有挺进抗日战场，但她一直活得像个战士。这个战士被鲁迅高看，被胡风高看，被茅盾高看。这个不惜饿坏身子也要悉心供养缪斯的"脸色苍白、华发早生"的弱女子，太值得被高看。

萧红在小说《亚丽》中有一段自画像般的文字："为了追求生活的力量，为了精神的美丽与安宁，为了所有的我的可怜的人们，我得张开我的翅膀……"

纵使萧红被金子绊倒在了贫困中，但她精神的翅膀在这个被物质掳获的世界上骄矜地飞过；有缘瞩望的人们啊，纵使片刻鄙弃了尘污，也堪称幸甚至哉。

最年轻的一天

母亲总鼓励我穿红戴绿。她曾饶有兴味地指着一件让我看看都觉得怪不好意思的衣服鼓动我说:"买下来吧!你穿上准好看!"她的声音是那么大,手指坚定不移地指向那件衣服。一时间,我觉得整个商场的人都把怪讶的目光投向了我们。我怀着比在大庭广众之下穿上了那件极不适合我的艳服还要羞辱得多的心,拖着母亲快速离开,然后有些气恼地对她说:"我都多大了!那么艳的衣服,我怎么能穿得出去?"可是母亲却不以为然。她高声教训我道:"今天,就是你从今往后最年轻的一天。你再也过不着昨天了。明天的你就比今天老了,后天呢,你又比明天老了——你还不赶紧趁着最年轻的一天穿点漂亮衣裳!"

从今往后最年轻的一天?好奇怪的说法啊!但仔细想想,可不是嘛,每个人都在过着他从今往后最年轻的一天。昨天比今天光鲜,只是昨天已然逝去。那些花一般的笑影,跌进时光汤汤的河里,永远不肯再回来照耀我们此时黯淡的心境。昨天的美丽羁绊着我们的手脚。恍惚中,竟以为可以等,以为在明天的某一方光影里可以镶嵌进一轮迷失于昨天的太阳……其实,怎么可能呢?开弓的箭永不可能回头。

而那呼啸着向前的，正是箭一般的光阴呵。

想起那个名叫胡达·克鲁斯的老太婆。在七十岁的生日宴会上，她突然发现了自己正在享受着余生中最年轻的一天。她问自己：究竟，我还可以再去做点什么呢？在这样的自问中，她惶恐地发现自己的人生有一个很大的空白——她居然未曾尝试过登山冒险！她于是毅然拖着自己在别人看来已是老朽的身体去亲近高山险峰。此后的二十五年间，她一直在拼死填补着自己的人生空白，终于，在九十五岁那年，她登上了日本的富士山，打破了攀登富士山的最高年龄纪录。

我有点怕。怕自己笨拙的手抓不牢从今往后最年轻的一天。

在这最年轻的一天里，我希望自己微笑着面对镜子里的那个影像，欣赏她，悦纳她，不挑剔她眉宇间岁月的印痕；我希望自己在可以表达爱的日子里，细腻温婉地向所爱的人传达爱的信息，语言动听，动作轻柔；我希望自己永不熄灭攀登灵魂巅峰的热望，见贤思齐，见不贤而内自省，学习根须，静默但热烈地去拥抱地心那轮看不见的太阳；我希望自己保持孩童般神圣的好奇心，将大自然引为爱侣，永不减损端详一朵花时内心的无比激动与无限怜惜；我希望自己保持敏感——对善意，对真情，对文字，对艺术，不因阅尽了人间春色就无视春色，爱着，感动着，朝前走。

——母亲，感谢你提醒我今天是我最年轻的一天。我下定决心在这最年轻的一天里穿起艳丽的衣裳，当然，更要以艳丽的心情去做事，去生活。我，要捧给带我来到这世界的人一个艳丽的人生。

今夜你不必盛装

"今夜你不必盛装"。这是一个男人对他热恋的女友说的一句话。他约她出来,特地叮嘱了这样一句话。她是一个常人眼中不配拥有真正爱情的"康康舞娘",盛装是她每夜的职业装束。但是,他偏偏就爱上了她,爱上了盛装后面那个孤苦的灵魂。他要抚慰这个灵魂,他要在直面的状态下抚慰这个灵魂。他不希望看到华服遮蔽起来的悲苦。

——这是一部电影中的情节。远远地坐在这个情节之外,我心里泛起一股又酸又暖的感觉。

我问自己:爱究竟最在意什么?爱又可以忽略掉什么呢?

说到底,爱是一种彻骨的怜惜。当你倾慕着一个人,仰望着一个人,见到那人时,心里涨满了无尽的快活,跟那人说句话,眉里眼里都漾着笑,满足感牢牢地攫住你,让你着实感到这世界的艳丽美好——如果仅仅是这些,那就不能算作是真正的爱,充其量,只能叫作喜欢罢。爱是一种伴随着痛感的心理体验。不管那人多么得意,多么耀眼,你心里却缭绕着一股驱不散的莫名的怜惜。怜惜那人的境遇,怜惜那人的遭际,即便那人的境遇与遭际是惹得满世界人艳羡的。你就是不能说服自己放弃了那一份累赘般的忧伤悲悯,在不该操心处操心，在不该垂泪处垂泪。

爱，总指望着自己慧眼独具，看到那连被爱者本人都未曾察觉到的一小块悲苦的苔藓。我认识一颗卑微的心，痴痴惦念着另一颗骄矜的心。那颗骄矜的心被捧到了云端。当那颗卑微的心小心翼翼奉上自己真实的哀怜时，骄矜的心趔趄地将它误读成了它早已厌倦了的恭维；后来，骄矜的心从云端跌落下来，它本能地要躲进卑微的心所编织成的哀怜里避难。卑微的心哭了，它说：上帝把我安排得这么低，原来是为了让我接住坠落的你。

习惯了对我在意的人说：我疼你。——疼你，是怕你痛，更是一种先你而痛的感觉。在你的痛还远未萌芽的时候，我的心，就不由分说地率先担当起那痛了。愿意用这慨然的担当悄然化解了那觊觎着你的痛。

惶惑的时候，就模拟着爱人的调子在心里默诵起叶芝的诗：

> 当你老了，头发白了，睡意昏沉，
> 炉火旁打盹，请取下这部诗歌，
> 慢慢读，回想你过去眼神的柔和，
> 回想它们昔日浓重的阴影；
> 多少人爱你青春欢畅的时辰，
> 爱慕你的美丽，假意或真心，
> 只有一个人爱你那朝圣者的灵魂，
> 爱你衰老了的脸上痛苦的皱纹；
> ……

这美妙的诗句原不是为你而作，但是，当你在冥想中被它轻轻覆盖，你付出的所有怜惜便都泛起了一层幸福的柔光。

在深爱着你的人面前,你不必盛装,也不必浓妆。你赤裸的灵魂,是为了应和一个深沉的召唤而来。打开自己,向那最善听的耳朵娓娓道出你生命的秘密。只有这个人能够证明华服、胭脂、岁月都不过是你的壁障。那彻骨的怜惜使他愿意欣然忽略掉这一切,只紧紧拥抱住一个本真的千疮百孔的灵魂。

——今夜你不必盛装。说这话的男子安慰了世上所有女人的心。

桃花悟

那一年,我做高二学生的班主任。春鸟啼叫起来的时候,同学们缠着我说:老师,带我们去春游吧,求你了。我正巴不得找个机会到外面去疯呢,就一口应承他们道:那,咱们就去桃花岭寻桃花吧。我们便拣了个风和日丽的周日,背着水和面包,来到了桃花岭下。桃花岭是座处女山,没有人迹,只有兽踪。大家对着大山乱喊了一通"我来了——""我爱你——",就唱着歌呼啦啦开始登山。

蓝的天,白的云,同学少年,青春做伴,一切都美好到了极致。

每一个发现都伴随着一阵惊呼,每一颗心都灌满了爱的芳醇……

正午时分,我们胜利登上了山顶。一个男生即兴豪吟道:山啊,我的登临,使你的高度陡然增加了——一米八〇。同学们热烈地鼓起掌来。

这时候,有个同学小声问道:大伟跟雨微哪里去了?我举目向四周顾盼了一下,发现队伍里果然少了他们两个人。平日上自修课的时候,他俩就喜欢把座位调到一块,低低切切,煞是投契;今天,他们一定是利用亲近大自然的机会,彼此又亲近到了一处。班长着急地要去寻他们,我说:别忙,你们先吹吹风,吃点东西喝点水。

大约过了半个钟头，大伟和雨微才气喘吁吁地爬上山顶。两个人的怀里各抱了一大束灼灼的桃花，凯旋的英雄一般，满脸得意。山顶上的喧闹声戛然而止，齐刷刷的目光投向两个怀抱桃花的人。大伟被这异样的目光盯得有些发毛，他手足无措地看着我说：老师，这些桃花都是野生的，这……这不算是破坏树木吧？我说：当然不算，快把你们的花放下，先去和大家吃点东西吧。

山顶便又恢复了刚才的喧闹。大家喊着，叫着，唱着，跳着，不知不觉，两个钟头就溜过去了。

我开始组织同学们下山。大伟和雨微自然忘不下他们的桃花。两个人深情款款地弯腰去抱他们的爱物，却又不约而同地放下了——原本娇艳欲滴的桃花此刻已经打蔫，用手轻轻一触，花瓣纷纷飘落，洒下一阵不大不小的桃花雨。

我走过去，意味深长地对两个神情黯然的人说：刚才上山的时候，你们奇怪为什么同学们都会用那样的眼光盯着你们看，那是因为，他们也曾在登山的途中遇到许多美丽的桃花，但是，他们却相约谁也不要攀折，因为他们不想让过早拥有的美丽成为一份不必要的负担，他们要用轻松的双臂去拥抱更广阔的大自然；同时，他们更深深懂得，山顶上的逗留，足以使水灵灵的桃花姿容凋尽——就这样，为了既不辜负春光又不愧对春光，他们把攀折的权利保留到了下山途中……人活在世界上，总要受到这样那样的诱惑，我不想号召人们都去学苦行僧，遇到美景丽人就低头；我希望人们都来做智者，学会权衡，学会斟酌，像精明的商人那样悉心经营自己的一生，让水到于渠成之际，叫瓜熟于蒂落之时，只有这样，你才能避开种种苦味，遍尝人生甘甜。

半空与半满

我手擎半杯水,问自己,它是半空,还是半满?按照张爱玲的说法,悲观者称其为半空,乐观者称其为半满。我是个矛盾体,我可以上一刻称其为半空,下一刻称其为半满。

我对一杯水"全空"的恐惧始于八岁。那时,我跟姥姥姥爷在一起生活。那是个寻常的黄昏,姥爷不在家,我家院子里的紫茉莉开得正好。突然,我小脚的姥姥摔了一跤!我目击了她摔倒的整个过程,跑过去拉她,她甩开了我的手,死活不让我拉(后来我才知道,村子里有个讲究:老人摔倒了要自己起来,被拉起来不吉利),不拉就不拉,那就由她自己起来好了。她挣扎了老半天,也没能站起来,绝望地侧伏在地上大哭起来!我吓得哇哇大哭,又执意拉她起来,她索性没有了起来的意思,哭,数落着哭,叫着她的亲娘,埋怨她亲娘怎么就那么狠心,怎么就不来管她……我无比惊恐地看着她摇着满头白发不管不顾地哭,突然害怕她就这样哭死过去,于是我疯了一样奋力地去拉她,任她怎样掰我的手,推我,搡我,我就是不撒开,一直与她僵持到了姥爷回家……

那次惊吓,帮我完成了对生命无常的最初认知。我知道,我经常挂在嘴边的"万岁"是不存在的。每一个人,都终将迎来杯子"全空"的那一天。

>   分离的痛
>   竟趁着拥有
>   来啮我了

这是我十九岁那年写下的诗行。那一年,我在宣化读大四,想到即将到来的毕业,一下子对那个被称作"村"的大学涌上一股温柔的依恋。我忧郁地对自己说:"快好好看看这不乏美感的风中的树吧,以后,你会怀念它的。"那是一棵卷发的柳树(我在心里这样叫它),狂野的风撩着它卷曲的枝条,参差飘舞,仿佛发狠要替它将那卷发拉直,让人忍不住生出把那卷发拢住的冲动。

那棵树,果然成了我后来怀恋的坐标。一想到宣化,那棵树就抢先成为我思绪的落点。我在心里替它拢着飘飞的卷发,问它:小卷毛,你还在被那狂野的风劲吹吗?

在人生的杯子"全空"之前,一次次的离散,又何尝不是倾杯的预演?

我是个敏感脆弱的人。因为有了童年时对死亡的惊惧拟想,有了青年时对离散的刻骨忧伤,我总梦想着把每一个奢侈拥有的日子都过出非凡声色,不枉它跟我一场。

所以,当我说"讲课时,我就是世界的中心",你不要以为我口吐狂言,我只不过是想用那一刻高质量的存在拼死抵御那"流光抛人",抵御那"杯水易倾";当我说"我用写作挹取逝川之水",你不要以为我心高气傲,这只不过是一个有点神经质的人为了证明她活着的结绳记事,也约略等同于拿木棍在土墙上下意识地留下一道划痕。

恋爱时，喜欢折一枝柳，一叶叶地往下扯，它们的名字分别叫"爱""不爱"，如果最后那片叶子是"爱"，可以莫名欢喜好久，仿佛这简陋的占卜竟可以洞穿恋人的心；今天，当我折枝在手，我不再说"爱""不爱"，我会说"人间值得""人间不值得"，如果最后一片叶子是"人间不值得"，我的心也不会因此而阴郁，我会微笑着告诉手中的叶片：你错了。

半空，是促我疾步快行的；半满，是令我缓步徐行的。因为恐惧过、忧郁过、焦灼过、思虑过、掂量过、不甘过、努力过、满足过，所以，我不会对着那半空饮泣，也不会对着那半满窃喜。悲观或乐观，对我都已不重要，重要的是，我有了享受这半空或半满的能力。

——人间值得，我来印证。

二 抬头看云

牡丹花水

坐在从兰州开往敦煌的旅游车上，一路不停地喝水。问自己怎么会这么渴，回答竟是，焦渴的大戈壁传染给了我难耐的焦渴。

导游王小姐是个锦心绣口的人儿。在讲当地的风土人情的时候，她说：你随便到一户人家做客，人家就会把你奉为上宾，用"牡丹花水"沏了八宝茶来款待你……我问邻座的燕子，什么叫"牡丹花水"？燕子说她也不清楚。我只好凭空猜测——仿佛就是，妙玉给宝玉、黛玉沏茶用的"梅花雪水"吧？从梅花的蕊上小心翼翼地收集点点细雪，融成一掬冰莹蚀骨的柔水。这"牡丹花水"，说不定就是采的牡丹花瓣上的露水雨水呢。这样想着，禁不住对那"牡丹花水"神往起来。

到了嘉峪关市，我们要用午餐。坐在餐桌边等着上菜的当儿，服务员来上茶了。导游王小姐笑着说：虽说不是八宝茶，却是"牡丹花水"，大家一路辛苦，请用茶吧！我万分惊讶地站了起来，瞪大了眼睛看着就要亲口品尝到的"牡丹花水"。但是，不对呀！服务员居然拎了个寻常的铝壶，咕嘟嘟给大家倒着最寻常的茶水。我跟燕子嘀咕道：开玩笑，这哪里会是"牡丹花水"嘛！燕子皱着眉头，一百个想不通的样子。终于，我忍无可忍地唤来了王小姐，问她，难道这真的就是你所说的"牡丹花水"吗？王小姐听罢噗地笑了。她盯着我问：你以为"牡丹花水"是什么神水仙水呀？"牡丹花水"是咱西北的老百姓对开水的一种形象叫法——你仔细观察过沸腾的水吗？在中心的位置，那翻滚着的部分，特别像一朵盛开的牡丹花。

我"哦"了一声，双手捧住一只注满了"牡丹花水"的茶杯，眼与耳，顿时屏蔽了饭店中一切的嘈杂。

究竟是谁，在什么时候，怀着怎样的一种心情，给一壶滚沸的水起了这样一个俏丽无比的名字？世世代代，老天总忘了给这里捎来雨水。在茫茫的戈壁滩上，草活得那么苦，树活得那么苦，人活得那么苦。有一点浊水就很知足了，有一点冷水就很知足了，但，一个幸运的容器，竟有幸装了沸腾的清水！幸福的人盯着那水贪婪地看，他想，喔，总得给这水一个昵称吧？叫什么好呢？抬头看一眼窗外，院里的牡丹花开得正好，那欣然释放着的繁丽生命，多像这壶中滚沸的水啊！——好了，就叫它"牡丹花水"吧。

我的心，在那一刻变得无比焦灼，竟恨不得立刻跑到饭店的操作间去看一眼从沸腾着的水的心中开出的那一朵世间最美丽、最独特的牡丹。这么久了，粗心的我一直忽略着身边最神奇的花开。我从一朵朵盛开的牡丹花旁走过，没有驻足，没有流连。是缺水的大西北给了我一个关乎水的珍贵提示，让我在此生一次平凡的啜饮中感受到了震撼生命的不平凡。

"牡丹花水""牡丹花水"……我反反复复默念着你的名字——一个让人心疼的名字，一个让人心暖的名字。人间烟火味里铺展着无尽的梦幻织锦，美好的感恩，由衷的赞颂，既素朴又华丽，既"农民"又"小资"。把所有对生活的祈愿都凝进这一声轻唤当中，让苦难凋零，让穷困走远——我的大西北，愿你守着一朵富丽的牡丹，吉祥平安，岁岁年年。

抬头看云

一天骑车走在路上，突然发现前面一辆出租车的后玻璃装饰得十分考究，那曼妙灵动的纹路，似花还似非花，一漾一漾的，让人的心旌也跟着摇荡起来。我快骑几下，试图看清那究竟是些什么图案。吱——前面一个紧急刹车，我自行车的前辐辘差点顶住那辆车的尾灯。我惊惶地叫了一声，同时看清了那勾走我眼波的所谓花纹，居然是车玻璃反射的天上的云彩！

我自嘲地笑着，索性跳下自行车，举头望天，全心全意地看起云来。

好白的云，好美的云。就在我的头顶上，悄然无声地上演着一幕多么精彩美妙的剧目啊！

为什么我的步履总是那么匆遽？我的鞋子上蒙着一层细尘，我的履底无缘阅读洁白美丽的云朵。这双眼睛在追逐着什么？这颗心儿在遗忘着什么？如果不是借着一方玻璃的提醒，我是不是就不再记得头上有一个可供心灵散步的青天？

"妈妈，这个阿姨看云呢！"

我被一个响亮的童声惊动了。循声望去，见一位母亲正用力地推搡一个五六岁的小男孩——显然,这位母亲是在怨责她的孩子用一句冒失的喊话冒犯了我这个陌生人。我心里咯噔一下,想,在我举头望天的时候,我一定成了路人张望指点的对象,他们会说我痴说我呆,他们在心里讲着同情我哀怜我的话语,甚至还可能会为自己敏锐的洞悉而沾沾自喜。然而,他们全都错了,只有这个纯真的孩子猜透了我,说穿了我。

亲爱的孩子,我小小的知音,你相信吗,在这个喧闹的世界上,有许多事情真的并不比看云更重要。如果你愿意,就请和我站到一起,让我指给你看吧——天上,开着那么多上天来不及摘走的花啊……

偷　香

我不知道这花是野生的还是栽种的，在海边一块闲地上，开了一大片。海风一吹，绒球样的花齐齐地朝我点头，让我心情登时大好。

拍了张照片，用"花伴侣"识别，知道了它的芳名——锦绣苋。

紫红的叶子，绿白色球状花。简约而又风致。

我本来走过去了，但仿佛听到了某种召唤——央我带一些回家。我于是折回来，当真采了一小束。

采花的时候，兴奋又忐忑。

它的旁侧，热烈地开着龙船花和桑叶牡丹，我知道它们百分百是人工栽种的，自然不会采；而这锦绣苋，这么贱贱地不惹眼，看上去跟蒲公英一样，同属大地的孩子——或许，它们就是"无主"的吧。

万一，它们是栽种的呢？

这个问题涌上心头时，立刻想到了蒋捷那怂恿人偷花、宠溺偷花人的文字。

蒋捷家的花开了。招眼的花枝引来了偷花女贼。隔着窗纱，分明看到那女子在放胆"作案"了！

蒋捷便开始在心里跟那女子对话：嗯，想折就折吧！我才没兴趣搞清楚你是谁家的偷花贼。喂,悄悄告诉你哈,屋檐下方的那一枝,开得最妙!别怕我心疼,你折的时候索性高折一点,折了之后,要斜斜地插在鬓边,那才叫美!

——哇!你看这个花主人,居然欣然充当起了窃花贼的同谋呢!

这一幕,画面感太强!女子窃花,蒋捷在后,而我,在二人之后,着实笑了个够!

蒋捷,是南宋著名词人,人送美称"樱桃进士"。

我们来读一读他的《霜天晓角》原词吧——

人影窗纱,是谁来折花?折则从他折去,知折去、向谁家?檐牙,枝最佳。折时高折些。说与折花人道:须插向、鬓边斜。

这首脍炙人口的小令,绝对担得起"骚雅"二字哦。

我最感兴趣的是蒋捷对"偷香之人"的"同理心"。

他若不是深深爱花,就不可能对哪一枝花的"美丽指数"最高了若指掌;当他发现自家的花被人赏、被人偷,心中不由得一阵窃喜——遇到了一个跟我一样有眼光的人啊!我必须将最美的那一枝花,舍与她!

今天,如果你去偷花,还能不能遇到一个像蒋捷那样的花主人,大度地对你说,"檐牙,枝最佳。折时高折些……"

我又想到了一个更傻的古人——南朝范元琰。当他发现有人涉水去偷他家的竹笋,他急坏了,竟然为那贼子修了一座小桥!

接下来,黯然忆起一件旧事。

学校的石榴半熟了,有个女生偷偷摘了一个。此事被同学揭发后,班主任紧张起来了,德育主任紧张起来了,最后惊动了校长!家长跑到学校来谢罪,当事女生更是羞愧难当、痛哭悔过……

在蒋捷和范元琰远去的今天,一个半熟石榴,足以把人搞得臭不可闻、生无可恋。

温柔如斯

你是我的读者兼同乡。头天晚上刚刚相互加了微信,第二天一早,你就驱车百余里,来找我。

我要上你的车。弟弟悄声问:那人叫什么名字?我一愣,说:不知道,她微信名叫"温柔如斯"。

上了车,两人都兴奋异常。娇小玲珑的你,眉心竟有一点朱砂。见我盯着你瞧,你抬手用力搓了一下眉心,说:看,不掉色哈!胎里带的,爹娘给的!博眼球吧?哈哈哈哈哈……

我笑道:上天偏爱你,为你点朱砂。亲呀,这半天,我就跟着你和你的朱砂走了,你想咋安排就咋安排吧。

我们先去吃早餐。路过三棵高大的西府海棠,你说:开花的时候,你拍过它们,还写过它们。

我说:眼好毒!认出来了?你大笑:烧成灰都认得!实话告诉你,我可是在它们对面的电影院看着一毛钱一场的电影长大的!

早餐我点了烧饼裹肉。轮到你,你说你不要肉——你吃素。

吃罢早餐,你突然问我:你喜欢树对吧?我带你去看树好不好?

我有些愣。想不到我们的游览项目竟这么独特。

我们去了那个叫滨河公园的地方。

你说,一个月前,正是碧桃的盛花期,你像往年一样,照例来这里赏碧桃,结果发现这个园子里的许多树都枯死了。你四处找人问,为啥这个园子荒了?有人告诉你说,这个园子的承包者撂挑子了。

你说:我急死了!一园子的半成年树啊!木槿一片一片地枯了,迎春一蓬一蓬地枯了,还有那些可怜的垂柳,它们那么喜欢水,可就生生喝不到啊!我立刻打了市长热线,又联系了几家媒体。可一个多月过去了,根本没人理我……我太放心不下那些树,你陪我去看看它们吧。

进到那个园子,鸟声不由分说砸过来。我说:斑鸠!不止一只!你悄声说:你往右边看……我看到一只凤头戴胜,正气宇轩昂地走路。

突然,你的脸阴了。

你说:你看那片可怜的树……说完,举着手机拍起照来,边拍边说:我继续投诉!继续找媒体!我要附上照片,让他们看看树的惨相!

你一会儿跑到枯树跟前去拍照,一会儿又走回头路去补拍某棵树。后来,你似乎突然发现冷落了我,便安抚我道:那边还有几棵没凋谢的二月兰呢,你去拍吧。我笑了,想:你的镜头专门对准重大题材,却派我的镜头去寻花觅朵,我……好受辱。

你指着一片海棠林说:这片海棠开花时,美得不像人间!电影院前那三棵海棠,孤苦伶仃的,没气象!明年四月初来这里看花吧——但愿它们能活到明年。

你积累了足够多的材料,便带着我从另一条路往回走。

——等等!我们看到了什么?

一台正在作业的挖掘机!

你赶忙奔过去,顾不得长裙被灌木刮扯。你大声问开挖掘机的师傅:师傅,这是在挖什么呀?师傅回答:挖沟呀!埋电缆,弄喷灌——你看不见这些树都干死了吗?

你一听,眉心的朱砂都蹦起来了!你示意我,让我和你一起竖起大拇指,为那个师傅点赞。

我抱住你说:亲爱的!你的投诉见效了!这一园子树有救了!

你说:嗯嗯,看来我得删掉今天拍的这些照片了——不!我要留着它们,过些日子我还会来看这些树,看它们是不是活得滋润……

温柔如斯,温柔如斯。我一遍遍在心里默念着你的微信名。你对大地的深情,你那不乏力度和韧性的温柔,让我重新爱了这个不完满的世界。

——你博士读的是哲学。你经常去做义工。这些,是我后来才知道的。

遇到这绝色的花,让人想原谅一切

我钟情这样一种表达——目光的第二次给予。

我从不怀疑,出于这样或那样的原因,我的目光会黯,会浊,会锈,会钝,这时候,我迫切需要借助他人的目光点亮自我的目光,以期再一次看清这世界的万事万物。

几天来,我一直在喋喋不休地倾诉,说海棠花稀了,熄了。但是,今天回家的路上,我遇到了神迹。

一路都在埋头赶路,看到满地的白花瓣,不由得心里咯噔一下,又复习了一遍"我居家,你花期"这个充满幽怨的句子。

我的手机,一直对准脚下的花瓣,拍呀拍。可当我看到一个人举着笨重的相机不懈地变换角度仰头拍摄那棵枝干遒劲的大树时,我跟着他的镜头举目认真观瞧起来。

我惊奇地发现,这棵高大的树上那皎白的花,竟还有七分好呢!这个发现令我无比欣悦,不啻中了七百万的大奖。

继续朝前走。

我看到在一树碧桃前,一位女士坐在轮椅上,正在费力自拍。

我很想冲过去,对她说:我来为你拍吧!又觉得太唐突,难道,我不应该和她站在一起捍卫她作为一个残障人士的脆弱尊严吗？于是我缄口，邀她和她身后的那株碧桃携手步入我的镜头。

继续朝前走，居然又看到一位坐在轮椅上的女士，边大声唱歌，边拍摄眼前美景。我很好奇，究竟是怎样的景色让她如此陶醉呢？我悄悄循着她镜头的方向看去——

哇！恁大一片开花的植物！与刚才所见那开到七分好的植物似乎同属一类。只是，这一片皎白的花，尚有九分好，且繁花低垂近人，惹人爱怜。

它究竟叫什么名字呢？

我快步走过去。

日光晃晃，花瓣扑面。

蹑足走在落花上，鞋子被宠得不知如何是好。

细看那植物标牌，看到"雪坠海棠"的字样。

太稀罕了。我见过西府海棠、垂丝海棠、木瓜海棠、绚丽海棠、贴梗海棠、北美海棠……这"雪坠海棠"，还是头一遭遇见。

那花，分明开得正盛，一阵风过，却有花瓣雪片般飘洒；而枝头的堆雪，并不见消减，那"枝上柳绵吹又少"的怅恨，离它还远着呢！

雪坠，雪坠，是谁为你取了这么个浪漫至极又妙趣横生的名字？你在这名字里生动了几千几万年了呢？

遇到这绝色的花，让人想原谅一切。

我俯首钻进最中意的一株雪坠海棠之下，开启美颜，拍摄了一段小视频。

短短几秒钟的视频，竟遭到花瓣两番精准打击。嘻嘻，那感觉，真真妙不可言。

嗯，今天的我，有"华丽缘"呢。借助他人的目光，我被碧桃、雪坠宠溺了个够。我不再凄怅，不再幽怨，我的心，已是华枝春满。

费尽胭脂捻得成

"费尽胭脂捻得成"这个句子,在每年的海棠花季我都要默念成千上万遍。

我在这棵海棠树下默念,又到那棵海棠树下默念,仿佛不为入眼的每棵海棠树默念一遍这诗句,就辜负了它们那掏心掏肺的怒放。

这诗句,出自南宋诗人王镃笔下。王镃,算不得大家,但是,能将自己的名字与一句不朽的妙诗焊在一起,这辈子,也算活值了吧?

我问王镃:你究竟是咋想的呀?在你看来,那海棠竟是攒了一年的胭脂?春风起时,它们才决定倾尽宝奁,大肆挥霍一场?

大概,所有语文老师都会盯着那个"捻"字看了又看吧?为什么不用"染""涂""妆""砌"……偏偏用了"捻"字呢?绞尽脑汁想了又想,末了解颐道:"捻",带着手温,带着锦心,极言倾情之至,未敢半点敷衍。

拿胭脂捻出一朵朵海棠,这营生,焦大做不来,须得交由妙玉们做。

海棠花季,我会恨一场风,恼一场雨;夜幕四合,一想到"海棠花未眠",就欣然陪它们不寐。

那一年，在陌生的城市，开一个沉闷的会议。会间休息时，我和一个女子不约而同奔到一棵开花的树下，我俩相视一笑，几乎同时说出"垂丝海棠"！仿佛对上了暗号一般，我俩惊喜万分地爱上了对方，直到今天，我俩依然是天天交换花讯的花友。

一个人，若能不靠"花伴侣"软件准确无误地叫出花的名字，就已然具备了做我朋友的资格——熟记草木之名，其心远离倨傲。

垂丝海棠、西府海棠、贴梗海棠、木瓜海棠……单是念一遍它们的芳名，即可令人浊气下沉、清气上升；倘若再奢侈一点，盛装，施了胭脂，在"半开时节最妖娆"的海棠花树下坐上小半天，整个人是不是就可以变得澄澈芳菲、飘然欲仙了呢？

我决定试试看。

一叶莲，一日妍

就，一片叶子。

近似圆形，自带了个豁口。仿佛有人恶作剧地将完好的叶子对折，剪下了个三十度的角。

我拿水仙盆养它。

看它端坐水上，很风致的样子。问它：你如此清贫，何处可孕花朵？

不几日，莲叶铺得更平展廓大了些，豁口处有了动静，叶下抽出四根细细的茎，每根茎上顶着个米粒大小的花苞，楚楚可怜。

那花苞慢条斯理地膨胀着。几天后，一个稍大花苞的顶部竟吐白了。

寻常的清晨，拉开窗帘，见一直横卧水中的茎，直直地挺起了身。浑圆的白色花苞挣脱了花蒂的束缚，闺帏紧闭，静待出阁。

慌忙将水仙盆捧到写字台上，我要眼睁睁瞧着这一朵迷你的花儿绽放。

九点左右，它悄然开口了。

透过那瓣儿与瓣儿之间的小小缝隙，我费力朝那座神秘宫殿的深处张望。

似乎有一些极细密的白色绒毛相互纠绞着，使花瓣与花瓣之间颇难拆分。忍不住朝它吹了一口气,可那看不见的力依然故我,花瓣间的间隙丝毫不见增大。

嘿,这么丁点儿的一朵小花,也恪守着自我生命的节律。

又过了半个钟头,那五片花瓣微微开成了喇叭状。这下,我清晰地看到了白花瓣上那整齐排列的细密羽毛以及羽毛拱围着的娇黄花蕊。

我笑了,这小东西,竟是在模拟一只鸟!

十点左右,它开到了极盛。

这只毛茸茸的刚出窝的小鸟,骄矜地临水照花。突然明白了那叶子缘何自带豁口,原是为了留出水面,好让这花尽情地欣赏自己水中的倩影啊!

我为它拍了数十张照片,但每一张都不理想。

真沮丧。

这极精致的小花,拒绝起廉价的镜头来,是毫不含糊的。

这只通体皎白的小鸟啊,它若啁啾一声,也不会惊吓到我;它若振翮高飞,我定会拊掌目送。

过午之后,我的小鸟不精神了。

眼见得那些羽毛一点点塌下去,塌下去。

黄昏时分,我的小鸟义无反顾地飞走了。

那昂然挺立了整整一天的茎,已轰然倒在水中。那娇柔细密的羽毛,仿佛融化了一般,再也难觅芳踪。

恍惚间,我茫然自问:它,真的来过吗?

这水宠的精灵,追着太阳的脚踪,悄然而来,凛然而去,来不及染尘,来不及感伤,就那么一闪而逝。

一叶莲,一日妍。

哦,对了,它在《诗经》中的芳名是"荇菜"。我和它,都是从《诗经》中走出来的啊!厮守一日,堪慰一生……

风雨妒花，光阴妒人

素昧平生的涛弟发来微信，说他带着父母去赏花了。他竟把功劳慷慨地记在了我的头上，说他这次行动的动力，是源于我带着母亲赏花。

我感动于他被我"传染"。看着他发来的美好图片，眼里，竟蓄满了泪花。

——叔叔，阿姨，你们有一个多么暖的儿子啊！他那么容易被点燃，只需一个提醒，他就知道该去做什么了。你们身后那片花，是碧桃吧？它们开得多好啊！但是，倘若不迎来你们这赏花的一家三口，它们的飘落里，就会有憾恨。

我母亲的名字里带一个"花"字。她爱花，简直不需要任何理由。就在前几天，妹妹还提起母亲种花的往事："咱家的院子里到处都是花呀！脸盆漏了，妈也不让扔，说正好拿来种花。"

这么爱花的母亲，自打坐上轮椅，似乎就丢了种花、看花的理由。

今年，我终于将比自己大二十四岁的母亲列为"女朋友"的顶格。我带她看花、为她插花，我要竭尽全力取悦她。

那天去修手机，路过一片苇塘。我让妹妹停车，要去给母亲折一些芦苇，妹妹一听叫了起来："你给妈网购了那么多花——玫瑰、芍药、牡丹、洋兰，还折什么芦苇啊？"我说："那些花都比不上芦苇，妈最喜欢新鲜的田野味儿。"

当母亲端详芦苇的时候，我看到了那个在晋州文化馆唱歌跳舞的大辫子姑娘。

光阴偷走了母亲的美貌、健康、记忆。唉，这一季的花，可敢拟想下一季的看花人……

我多么羡慕涛弟，在父母认识花、认识他的时候陪他们去看花；而我这次陪母亲看花来得太迟了——母亲已不能叫出花的名字和我的名字。

不过，撇下所有女朋友，单单陪着母亲这个"顶格女朋友"去看花，这于我也算得上是一件无比惬意的事了。我被这个事件照耀着，一连开心了好些天。

我想，如果为这个世界上重要的事情排个序，带父母看花，理应排在前面吧！

毕竟，风雨妒花，光阴妒人。生命从不等候。争分夺秒地陪那带你来到这世间的人看一场花，你日后的回忆，才不会荒芜。

浇 花

阳台上的双色杜鹃开花了,终日里,妖娆的红色 PK 雅洁的白色,静静的阳台显得喧嚷起来。

妈妈提来喷壶,哼着歌子给花浇水。她在看花儿的时候,眼里漾着笑,她相信花儿们能读懂她这份好感,她还相信花儿会在她的笑影里开得更欢——她用清水、微笑和歌声来浇花。

儿子也学了妈妈的样子,拎了喷壶来给花儿浇水——呵呵,小小一个男孩子,竟也如此懂得怜香!

一天,妈妈仔细端详她的花儿,发现植株的旁侧生着几株茁壮的杂草。她笑了,在心里对那杂草说:"几天没搭理你们,偷偷长这么高了?想跟我的杜鹃抢春光,你们的资质差了点!"这样想着,俯下身子,拔除了那杂草。

儿子回到家来,兴冲冲地拎了喷壶,又要给花儿浇水。但当他跑到阳台上,却忍不住哭叫起来:"妈妈,妈妈,我的花儿哪去了?"

听到哭闹,妈妈一愣,心说莫非杜鹃插翅飞走了?待她跑过来,却发现杜鹃举着笑脸,开得好好的。妈妈于是说:"宝儿,花儿这不在这儿吗?"

儿子哭得更厉害了:"呜呜……那是你的花儿!我的花儿没有了!"

妈妈见儿子绝望地指着原先长草的地方,顿时就明白了,说:"宝儿,那哪儿是花儿呀?那是草,是妨碍花儿生长的杂草!妈妈把它拔掉了。"

不想儿子却说:"我天天浇我的花儿,它都开了两朵了!呜呜……"

妈妈疑惑地把那几株杂草从垃圾桶里翻拣出来,发现那蔫蔫的叫不上名的植物上确实开着两朵比叶片颜色稍浅的绿色小花儿。妈妈想说,"这也配叫花儿,你看它们多丑哇!"但是,不知为什么,妈妈没有说,她的心温柔地动了一下,俯下身抱起了孩子。

"对不起,妈妈不该拔掉你的花儿。宝儿,你真可爱!妈妈要替这两朵小小的花儿好好谢谢你,谢谢你眼里有它们,谢谢你一直为它们浇水;妈妈还要替妈妈的花儿谢谢你,因为在你为你的小花儿浇水的时候,妈妈的花儿也沾了光!"

后来,妈妈惊讶地发现,这个世界上原先被她忽略的花儿可真叫多!柳树把自己的花儿编成一个个结实的绿色小穗,杨树用褐色的花儿模拟虫子逗人,狗尾草的花儿就是毛茸茸的一条"狗尾",连藜藜都顶着柔软精致的小花儿与春风逗弄……上天爱他的花园,大概,他也会用清水、微笑和歌声来浇花吧?并且,他会和孩子一样,不会忽略掉哪怕是最不起眼的一株植物的一抹浅笑……

樱花与初恋

进电梯时，里面已有一个女子。她正在大声打电话，表情丰富，连说带笑，旁若无人。

逼仄的空间，我避不开，只好硬着头皮"窃听"。

女子大笑着说："大姐！你以为你几岁呀？那件裙子我都不好意思穿了，太糖果气了！你外孙女穿还差不多！你们老姐儿几个去看樱花我当然高兴，可是你穿我结婚前的那件纱裙，简直……像我妹妹了！哈哈哈。我爸咋说呀？啊？他说好看？那你还征求我的意见干吗？我才懒得管你！你爱穿啥穿啥呗……拜拜老妈！明天玩儿好啊！"

直到最后，我才听明白了，这女子口中的"大姐""老妈"其实是同一个人——她戏谑地管老妈叫"大姐"。明天，老妈要与老姐儿们一起去看樱花，要穿女儿做姑娘时穿过的一件纱裙，征求女儿的意见，受到女儿无限欢悦的奚落。

我突然万般伤感。

我的母亲也特别喜欢花。小学教师出身的她有句名言："常在花前走，人也显精神。"那时，我家有个院子，院子里种满了诸如朝荣、蜀葵、紫茉莉、染指甲花等各种"小贱花"。母亲总是细心地收了花籽儿，待我回家，郑重地递给我几个小纸包，嘱我带回自己的小家去种。打从我记事起，我家每年冬天都要水养几个白菜根，年前年后开出金灿灿的"白菜花"，让陋室顷刻变成殿堂。

今年春节前，我水养的白菜根开花了，我多想跟母亲视频聊天，让她看看她女儿养出的"白菜花"有多漂亮，但是，我缠绵病榻的母亲已不能够自主使用手机，也不能够与我顺畅交流。

我多么嫉妒人家的母亲，穿起"糖果气"的纱裙，呼朋引伴去赏樱。我在心里对电梯间的那个女子说："你'大姐'爱穿啥就穿啥吧！你不干预，如此，甚好！"

最近读陆晓娅的《给妈妈当妈妈》，读到一个情节时，不由得掩卷长叹——作者的母亲与我母亲一样，患的也是"认知障碍症"。孝顺的女儿为了不让母亲在有生之年留下太多遗憾，毅然带着母亲去拜望她的初恋情人。可是，见面之后，母亲已无法与对方交流，那锦年的情事，已彻底被她脑中的"橡皮"擦净，不留半丝痕迹。苏东坡有诗道："泥上偶然留指爪，鸿飞那复计东西。"其实，对一个"认知障碍症"患者而言，连那"泥爪"都被命运残忍地收走了呀。

樱花与初恋，这凡尘的锦灿，转眼即可将人抛闪。我们无福跟着电影中的贾玲"穿越"，将正值芳华的母亲摆进一阵樱雨、一阵熏风。我们只能守着被花香疏弃、被爱情弭忘的母亲，轻轻对她说：妈妈，我再没有比此刻更爱你。

花万岁

一早去牡丹园,发现假山下戳起了一块简陋的牌子,上面是一首手写的打油诗,清劲的柳体,颇惹眼。那打油诗写的是:"牡丹可谓不容易,一年开花只一季。最盛只有十来天,看上一眼是福气。你若稀罕颜色好,拍它画它都随意。姑娘不要摘花戴,偷花不会添美丽。小孩不要把花害,你欢笑时花哭泣……国色天香人共赏,千万不要拿家去。"我一连读了数遍,意犹未尽,又用手机拍下来,发给了天南海北的朋友。

占有的欲望总是魔鬼般操纵着凡俗的心。就在刚才散步的时候,我看见烟雨湖畔的木栈道上横卧了几枝梨花,拾起来,擎在手上,是一种无限怅然的况味。那"梨花一枝春带雨"的佳妙光景,再也不可能属于这枝花了。白居易说:"蔷薇带刺攀应懒,菌苔生泥玩亦难。"——蔷薇,披一身自卫的利刃,让攀折的手生出畏葸;菌苔,把家远远地安在泥淖之中,让贪婪的心徒呼奈何。但是,牡丹、芍药、梨花、桃花们却忘了设防,憨憨地把一种极安全的美丽和盘托给你。春风中,它们相约举出一道道特别的考题,考量人心。

"天国钟声""梅朗口红""美好时光""杂技表演""我的选

择""我亲爱的"……这些，都是我校月季园中月季们的芳名。它们开得多么忘情啊！一天上班，我发现偌大的月季园中出现了一个墓穴般的空洞——"我亲爱的"不见了。一连几天，我都在暗暗呼唤着它的芳魂。所有让我生疑的地方都找遍了，却觅不见它的芳踪。就在我快要绝望的时候，"我亲爱的"居然回到了它原来的位置上！只是，它的花与花苞都凋萎了，叶子也已枯黄。我忙唤来园丁为它大量补水。园丁叹口气说："不中用了。——谁把好端端的一棵花祸害成这样了！"黄昏时分，我远远看到月季园里有一个黯然的身影。待那身影离开后，我才悄悄走到园子里，看到"我亲爱的"又被浇了水。——无疑，他就是那个冒失地挖走了花的人。他定然如我一般热爱着"我亲爱的"，遂生出了独享的心。哪知，那花不媚她；就算他被悔愧驱遣着重又将花送回原处，那花也义无反顾地用凋残抗议他的劫掠。

据说苏格拉底是爱花的，当他带着弟子们漫游的时候，最喜将帐篷支在花丛旁；泰戈尔告诫人们："摘下花瓣，并不能得到花的美丽。"苏霍姆林斯基曾遇到一个摘玫瑰花的四岁女童，当他问她为什么摘花的时候，那女童说奶奶病了，她要借这朵花给奶奶看看，看完就送回来。——只有这个女童的"借花一看"是可以原谅的，因为她的本心，不是跋扈地占有。

我一直为高中语文教材中删掉《灌园叟晚逢仙女》一课感到遗憾。我喜欢冯梦龙笔下的"秋先"，喜欢他在花开之日，"或暖壶酒儿，或烹瓯茶儿，向花深深作揖，先行浇奠，口称'花万岁'三声，然后坐于其下，浅斟细嚼。"秋先在别人家的花园里看到心爱的花，便挪不动步了；花园主人想折一枝花赠他，他连称罪过，决然不要，"宁可终日看玩"。

——"花万岁。"如今会说这句话的人还有几个呢？无视花开的人，用冷漠为花降了一场霜；摘走花朵的人，用酷虐为花下了一场雪。而那霜雪的营造者，岂不也营造了"自我的冬天"？那在花前倾慕地作揖并深情地祝祷"花万岁"的人，自会被无边的春风宠溺，自会在无涯的芳菲中遇仙、成仙……

海棠花在否

春尚嫩，草木未及醒。香抱来一盆浓烈的花，说："海棠，让你眼睛先尝个鲜。"

——端的懂我，知我眼馋，送我一盆不嗜睡的妖娆。

好稀罕的海棠！铁色枝干，如焦似枯，失尽了生气；而在这焦枝之上，竟簪花戴彩般地缀了一串串娇姿欲滴的花朵。没有叶——保守的叶，或许还在慢条斯理地数着节气的脚步，花们却早耐不住了，你推我搡，捷足先登地抢了叶的风头。仔细端详那花与那枝，仿佛是不相干的两样东西——盛放与焦枯，奇迹般地同台演出，却又精彩得令人击节称赏。

这一盆"迷你"春天，婴儿般吸摄了我母性的心。暖气房太燥，天天提个喷壶，给它殷勤喂水。喷多了，怕浇熄烈焰；喷少了，又怕它喊渴。便忍不住怨它："海棠海棠，你总该开个口，为自己讨要一场无过、无不及的春雨呀。"

每日里一进家门，心中问的第一句话必是："海棠花在否？"——是韩偓的一句诗呢。青葱岁月里，欢悦地背诵过它；纵然我再善于舒展想象的翼翅，又怎可逆料，那诗句，竟是妥帖地预备了给我用在这里的。璎珞敲冰，梅心惊破，好花前吟诵好诗，在我，是多么奢华的时刻！可笑如我，竟毫无理由地以为，我的海棠愈开愈妍，定是得了我与韩偓的双重问候。

海棠花没有媚人的香，但这不妨碍我将自己融进它虚幻的香氛里。我安静地坐下来，与它长久对视。我想，如果我是一株植物，如果"焦枯"跋扈地定义了我的枝干，我还会葆有开花的心志吗？明知凋零就潜藏于日后的某一个时刻，我还会抗逆着令人畏缩的萧疏，毅然向世界和盘端出我丰腴的锦灿吗？

"如果说，一朵花很美，那么我有时就会不由自主地自语道：要活下去。"这是川端康成《花未眠》里面的句子。曾有个女生擎了书，认真问我："为什么看到一朵花很美，人就有了活下去的勇气呢？这两者之间有因果关系吗？"——这个问题，问得多好啊！我一直执拗地相信，好的问题本身就包裹了一个好的答案，犹如花朵包裹着花蕊一般。我没有急于为这女生作答，或者换言之，我舍不得贸然作答——我愿意将这个问题交给流光。

一朵花，它的象征意义委实值得玩索。当它在浩渺的时空坐标上多情地寻到你，当它以生命的炽烈燃烧慨然地点化你，如果你不曾在这一场特别的约会中汲取到强大的精神能量，你不该为自己的愚钝而捶胸扼腕吗？

——绽放，是一笔美丽的债，来人间还债的花与人，有福了。

坐在海棠花影中，想着这缤纷心事，突然不再担忧日后那场躲不过的凋零。当我再小心翼翼问起"海棠花在否"，即使我听不到枝头那热烈的应答，我也会用想象的丹青绘就一幅空灵画卷，供思想的蝶雍容栖止花间。海棠不曾负我，我亦未负海棠，我还要那些个赘余的幽怨惆怅派什么用场呢？

——"焦枝海棠",你喜欢我这样唤你吗?冰欺雪侮,夺了你枝上的颜色,你却以焦枯之躯,勤心供养出酬酢季节的娇美花串。焦枝是你的风骨,海棠是你的精魄。你可知,你至刚至柔的一句花语,怎样幽禁了我,又怎样救赎了我……

莲的确证

余光中曾说过：再没有什么花比莲更自成世界的了。莲是恋，莲是怜。莲经、莲台、莲邦、莲宗，何一非莲？莲是一种至高的境界，是美、爱、神的综合象征。

看到南开大学随录取通知书为2020级新生寄赠两颗莲花种子，不由得心中咯噔一下。想，这神创意，究竟出自何人之手？我等浊物，竟有福与之共处同一星球？

那青莲紫的精致丝绒荷包里，眠着两颗玲珑莲种。南开殷殷嘱你：一颗种在桑梓，不弃初心；一颗种在校园，见证成长。网友大叹：这见面礼，真真帅爆了！

嗯，它若寄了枪头，我不讶异，我讶异的是，它寄了比枪头更具"杀伤力"的物件——它登时杀死了人心里的浊与俗，让那柔美如歌的情愫，礼花般恣意绽放天际。

能拿出这"豪礼"的学府，灵魂在高处。

当"两颗莲花种子"成功干掉国内外大事当仁不让地冲上热搜榜第一名时，我忍不住朝着南开大学的方向鞠躬。

令人大跌眼镜的是，仅时隔数日，就又有一档"莲事"冲上了热搜——南京玄武湖的并蒂莲蓬被一名曹姓男子薅下,理由是"想拿回去给家里人看看"。

我哑然失笑,不禁想起了苏霍姆林斯基记述的那个故事——学校的花房里开了一朵硕大的玫瑰花,大家纷纷来赏。一个四岁的小女孩,从容不迫地摘下了那朵花。苏霍姆林斯基发现后问女孩为什么这样做,女孩回答说:"奶奶病得很重,我告诉她学校里有这样一朵大玫瑰花,奶奶有点不相信,我现在摘下来送给她看,看过我就把花送回来。"看这理由,多刚!一个四岁的孩子,根本不懂得"落花难返枝"的道理,所以,她的做法得到了苏霍姆林斯基的谅解甚至赞美。

再回过头来看我们那位"巨婴"男同胞,他与那个四龄童一样,也是心念家人,但他清楚地知道"落花难返枝",那也要冒天下之大不韪,奋勇薅下那并蒂莲蓬,亲手毁了那池中罕物。

但我还是想替这个"毁美"的男子申辩几句:在他的生命历程中,如果他曾获赠过两颗(一颗也成)丝绒荷包装着的莲种,他或许就不会那么鲁莽颟顸了吧?

文明与野蛮,在这个夏季,竟有机会通过莲得到一回确证。两番四百多万次的点击,也成了我说出"人间值得"与"人间不值得"的强有力的理由。

泰戈尔说:"教育的终极目标,就是培养学生面对一丛野菊花怦然心动的情怀。"从菊心看到众生,从莲心看到世界,因心存敬畏,故行有所止,因行有所止,故路路通达。

昨日路过荷塘,又见青钱千张,又见烛焰荧荧。我想,设若这荷塘像玄武湖那般无心机地捧出一枝勾魂摄魄的并蒂莲,它能开到明天吗?我又想,设若这个城市有考生幸运地获赠了一个青莲紫丝绒荷包,他肯来此郑重投下一颗珍贵的莲种吗?这两个问题菟丝子般在我心中缪辂纠缠,引我发出一声叹息。

舒心草

案头的山水盆景中生出了一株小草,茎如丝,叶如珠,绿如翠,煞是夺人眼目。

总有人指着这草问起它的芳名,我一片茫然,却不甘心,遂应道:舒心草。

自打给这小草赐名为"舒心",每每看它,心儿竟果真舒泰起来。这襟袖之间是山水,只是个象征性的玩意儿,是游不得的。若说游,倒是每日里它在游我——游我含泪含笑的目光,游我亦悲亦欣的情怀。那石,不是有吸吮功能的"上水石",嶙岣丑陋,遍体孔洞。拙劣的匠人在上面安了个蓝色琉璃小亭子,又植了一株文竹。但不久,小亭子即因碍眼被我断然毁弃;文竹呢,三涝两旱的,也很快枯死了。就在我以为我的山注定作别了所有风景的时候,它自己竟孕育出了一株灵异的小草!

这株草,可真没有枉担"舒心"的美名。它自己舒心,也令观者舒心。

它长在半山腰,那里有个孔洞,大概里面藏了一星儿土吧,这就足够它立命了;它那么皮实,水浇得勤了懒了它都不在乎,有时我一连几天忘了给它水喝，歉疚地提了喷壶去看它时，发现它非但没有枯萎，还在顶端冒出了一芽新绿；最初它仅有一根柔弱的茎，宛如一条绿丝线，打了几个伶仃的结儿，可怜兮兮地在山体上垂挂着，后来，它几乎是遵循了某种美学原则，陆陆续续地抽捻出一线线嫩绿，并在那嫩绿上精心点缀一串米粒大小的叶片，几行玲珑的美诗就那样参差着，押着惬意的韵脚，精妙地注释着生命。

我的心常常被它俘获，目光久久地给它粘住。这小小的草儿，它是担着使命来到人间的吗？它要为我滤掉一些东西，生命的负累太重，连呼吸都仿佛注了铅，与这株轻灵的小草对视时，我为自己的沉重而羞愧，学着它的样子，我也要删繁就简地打理自己的欲望，以期让我的心能坦然地面对它的素心；我的生命之树上长满了青翠的叶片，可它们是多么容易飘落啊！一件沮丧的事能让它飘落，一句辜负的话能让它飘落，甚至一点点的曲解，一丝丝的误读，都可以让它悚然心惊，生命的叹息那样真切，爱的叶子瞬间失了颜色，悲鸣着扑向泥土……我的舒心草怎么就那么从容淡定呢？似乎从来就没什么窝心的事发生在它身上——阳光爱抚它时，它舒心；阳光背弃它时，它也舒心。我怀疑它心中是不是揣着一颗隐匿的小太阳，自己照耀自己，自己温暖自己，不怨艾，不忧戚，在这被别的植物厌弃的地方意兴盎然地活出自己的一种精气神。

总觉得自己是个颇有"植物缘"的人。去了一趟景忠山，痴痴地爱上了那里的松树，并激动不已地给它们取名为"帅松"；去了一趟空中草原，傻傻地爱上了那里的一种淡紫色小花，并一厢情愿地在心里唤它们为"女儿花"。喜欢对草木说话。那年春天，就亲切地对凤凰山公园里的一树碧桃说："喂，宝贝，你怎么开得这么好哇？"吓坏了打太极拳的一位老太太……常常想，莫非，前世竟是一株植物？今生对草木的喜爱原本就是一种自恋？不管怎样，反正是特别能被植物有效抚慰。就说眼前这株草儿，入眼不入心的观者太多了，可我，偏偏就把它爱出了心痛的感觉。伫立于世间最"迷你"的绿瀑前，耳畔常响起郑板桥的两句妙语——"咬定几句有用书，可忘饮食；养成数竿新生竹，直似儿孙。"——你看，那"新生竹"何尝不是郑板桥眼中的"舒心竹"呢？爱植物的人，心中永远没有冬天。

我愿意这样想——就在我写这篇《舒心草》的时候，距我咫尺之遥的舒心草偷眼读懂了电脑屏幕上的这些文字，它美美地笑着，悄悄攒着劲儿，预备明天为我呈现更迷人的新绿……

丁香何曾怕

我一直都糊涂地以为丁香的花芽是在春天里萌出的,直到我学校的生物老师笑着告诉我说我犯了学生常犯的低级错误。她说:"丁香和白杨、玉兰、连翘一样,都是头年秋天落叶时就萌出了花芽,这些花芽要在枝上度过一个漫长的冬季呢!"

于是,我决心陪一个丁香花芽走过漫漫长冬。

我选中了一株距离我办公室一箭之遥的丁香树。我知道那是一株白丁香。有一年,它开花的时候,我曾看到一只小灰蝴蝶朝着它飞,却像遇到了孙悟空用金箍棒画的"避魔圈"一样,它的翅膀徒然扇动,却无论如何都飞不上丁香枝头。我这厢边暗暗替它用力,但是,没有用的。它一次次被一种看不见的力"推"了回来。我纳罕极了。问自己:莫非,它是被那浓重的香气推开的吗?这样想着,我对白丁香馥郁的芳香遂生出了一丝敬畏。

2016年12月8日,我为这棵树上的一个丁香花芽拍下了第一张照片。

我没敢告诉那位嘲笑我的生物老师,我还有更低级的错误呢——我常常傻傻分不清花芽与叶芽,还以为它们心情好了就开成花,心情差了就长成叶呢。

　　有了这张丁香花芽图，我终于彻底搞清了花芽与叶芽的区别，原来，它们在"娘胎"里时就被定了性。

　　我多么惊奇！12月，第一场雪还在遥远的路上，丁香花已经在一个小小的绿色花苞里探头探脑了！那细密的、绿鱼子一般挤在一起的小小花蕾，毫不客气地拱破了花苞，仿佛在说：我们倒是要好好瞧瞧，冬天究竟是何等模样！

　　滴水成冰的日子里，我惴惴地去看我的那个丁香花芽。嚯！只有花苞的颜色变深了一点，一兜探头探脑的小绿珠依旧精神抖擞。那么娇嫩，却那么抗冻，谁说耐寒的唯有松柏？

　　丁香何曾怕？丁香何曾怕？丁香何曾怕……我手里捏了一支签字笔，下意识地在一本杂志的封底上写满了这句话。

　　追踪丁香花芽的日子，我心里揣了一份隐秘的、无可诉人的欢悦。

　　那一天，兴冲冲地翻查《镜花缘》，问作者李汝珍：那司丁香花的仙子叫什么来着？当我终于找到"玉壶冰钱玉英"时，我忍不住笑出了声——我邻家嫂子也叫玉英呢！嘿嘿，那丁香花仙子，竟有个如此烟火气的名儿。

　　千遍呼，万遍唤，春，终于慢腾腾地来了。我的丁香花芽，眼见得一天比一天鼓胀起来。

　　2017年3月23日，我看到那些绿珠子已彻底从花苞中脱颖而出。为了这一刻，它们准备了一百多天啊！我的舅舅曾告诉我，他养的山茶花，孕蕾期长达半年之久。今天，我多想告诉我远去的舅舅，丁香花的孕蕾期也长达小半年呢。

　　几个女生围过来看丁香花了。她们叫唤着："这一树是白的！那一树是紫的！"我思忖着，待丁香花盛开的时日，我该怎样向她们展示我拍的那一组丁香孕蕾图，告诉她们，丁香花，看上去至柔至弱，却有着铁打的魂、钢铸的魄……

李汝珍写道:"天上枝枝,人间树树。曾何春而何秋,亦忘朝而忘暮。"我呆想,若是叫我喜欢的作曲家阿敏给这词谱了曲,一群女生坐在盛开的白丁香树下唱,一定很仙。

花事四帖

海　棠

每年春天，海棠花开时节，我一定要寻理由反复路过文化路上那三棵老西府海棠。在这座城市里，它们大概算得上是祖母级的海棠花树了吧。每棵树的树干都是丛生挺直，竭力生得更疏朗、更高峻，似乎是为了将数十万朵花开得更阔拓、更豪恣。春风摇蕾的日子里，长久仰望着那花树，巴望幸运地全程目击第一朵花开。倏忽之间，满树飞花。置身树下，感觉粉白的浪在头顶翻涌。那么鲜润，那么姣妍，与周围灰突突的环境格格不入，仿佛是从另一个粉雕玉砌的世界里快递过来的。谁言"海棠无香"？西府海棠的香，是袭人的，那是介于茉莉与槐花之间的一种香，醒脑，沁脾，牵魂。春阳下，我凝视一朵海棠花的花心，顿觉胸中尘滓全无，我湛蓝的心空，鸽哨般反反复复回响着这两句美诗——"二三星斗胸前落，十万峰峦脚底青"。

枣　花

你留神儿过枣花吗？那是一种淡绿色的小花，甜气颇重。每年枣花飘香，我都能借着它特有的芬芳便捷地怀一次旧。我外祖母家的窗前就站立着一棵枣树。枣花开放的时候，总有野蜂飞来采花蜜，我和表姐便也学着野蜂的样子，采下一把枣花，贪馋地一朵朵舔花蕊。那么一丁点的甜，却又那么尖锐，让味蕾受用得不得了。"簌簌衣巾落枣花"，这是苏轼的诗句，第一次读到它，就欢喜得紧，意念中，那簌簌落下的枣花一朵也没有落在别处，都刚刚好落在了我和表姐的衣巾之上，抖落它们的当儿，上万个日子迅跑而过……记得有一部电视剧的女主人公叫"枣花"，我曾在心里对伊说：不如，你把这个名字让给我吧。

绒　花

我上下班的路上，两旁种植的是合欢树，当地老百姓喜欢唤它"绒花树"，我也觉得这个名字更恰切、更形象。绒花，就是绒球般的花，成百上千个细细袅袅的"绒针"亲密地攒在一起，攒成一朵微香微粉的花；无数微香微粉的花攒在一起，这条路的"颜值"可就高了起来。绒花盛开的时节，我每每替走在这条路上的人和跑在这条路上的车感到幸福。我妈说过一句名言："多在花前走，人也显精神。"绒花树栽种数年，树冠渐见丰腴，路两旁的树在空中热络地牵上了手，我于是拍了一张"绒花隧道"照片，得意地发到朋友圈，引来一片赞声。我的"绒花隧道"没有删除，绒花树却突然被删除了。来不及道别，绒花树就集体失踪了，只留下一个个丑陋的洞穴……那天，我恰好讲牛汉的诗《悼念一棵枫树》，不知不觉间，泪水滴落在了书页上。

丁　香

　　一夜细雨。清晨，我到单位值班。寻常的小路上，一幅奇景赫然入目——我们的五棵老丁香树，每棵树都以树身为圆心，用落花在小路上画了个规整的半圆（另外半个圆没入了灌木丛中）。三个紫色的半圆，两个白色的半圆，就那么静静地摆在雨后干净的柏油路上，惊得我半响都挪不动脚步。每一个半圆都那么精美呀，就像卓越画师仔细拿落花拼的画；纤巧的四瓣花朵，经雨润过，未见半点憔悴；丁香的香气那么浓，仿佛伸手抓一把，就能攥出馥郁的丁香精油来。我想唤人来共赏，可惜，偌大的院子空寂无人。我只好将目光投向那制造了这神迹的丁香树，对它们说：喂，假如我不来，你们竟打算私享了这美吗？

欣赏就好

校园里的白玉兰开了，皎白的花，在灰暗的枝丫上招摇，很是打眼。路过最西边一棵的时候，不由得停下了脚步。在心里，我依然管这棵白玉兰唤作"朱珠的花"。

那时候，喜欢写作的朱珠还在这所学校的美术班学习；我本不教她语文，可她总是勇敢地拿了自己的得意之作来给我看。

记得她写过一篇美文，题目叫《玉兰花开》。她在文章里说，她响应学校德育处的号召，认养了一棵白玉兰。春风吹过，白玉兰来不及长出一片绿叶，就火爆地绽出了满树的花。受到美丽惊吓的她，幸福地站在自己认养的那棵白玉兰前，欣赏那俊逸雅洁的白花，忍不住流出了激动的泪水……朱珠为那篇作文配了插图——她自己画的，美好灵动的一树玉兰花，看得人心花都跟着怒放了。

后来，朱珠考取了一所知名的美术学院，而她的花，也自然易主到了她的一个学弟手中。但朱珠却依然忘不了她的花。读大一的那个春天，她给我发来短信，通过我问候她的玉兰花，还填写了一首《卜算子》的词，礼赞她的玉兰花。

今天，当我走过"朱珠的花"时，我的眼眸里写满了欣赏，而朱珠关乎这株白玉兰的文、画、词、泪一起赶来,殷勤地润饰了这棵本已十分美好的花树。我知道,我此刻的欣赏,有春风注释得了的成分,也有春风注释不了的成分。春风读得懂白玉兰的娓娓花语,却猜不透我心中另一株白玉兰缘何四季都开着不败的花朵。——我的欣赏,套叠着一个少女的欣赏,在白玉兰的花影中幸福地摇曳。

一车人游扬州,满眼可人的美景惹得人心醉。

车上有位被大家称作"大师"的语文教师,不停地吟哦骚人墨客关乎扬州的雅词丽句,不是"烟花三月下扬州",就是"二十四桥明月夜",陶醉得语调都发颤了。

我们的车拐过文昌阁,扑面而来的是两棵绿云葳蕤的参天银杏树,就在街心矗立着,一条宽整的马路因它而分成了两股。大师问导游:"请问这树是哪朝的?"导游说:"这两棵古银杏树是唐朝的……"大师不等导游说完,就惊喜得从座位上弹跳起来:"唐朝的?!那就是说,杜牧来这儿的时候它就在这儿了?那姜夔写'淮左名都,竹西佳处'的时候,这两棵树就得有碗口粗了吧——哦,还不能是普通的碗,还得是海碗!——师傅,求你停一下车,让我们下去照个相好不好?"

车子停下来,大师第一个跳了下去。我们也跟着呼啦啦下了车。因为离得太近了,我们的相机又多是不带广角的,照出来,就是一截子树桩。但是,这丝毫不影响大家的兴致,人人都愿意跟这唐朝的古银杏树合个影。

上车之后,大师越发兴奋起来。激动万分地举着捡来的两片银杏树叶,说回家要把它们塑封起来,永久保存。有人和他打趣:"喂,你是不是以为你塑封了一个唐朝啊?"大师认真地说:"一个锦绣的朝代怎么可以被塑封起来呢?不过,一想到这两棵古银杏树曾见证过唐朝的繁华，披戴过唐朝的星月，你的热血怎能不沸腾？"

我一直注意看大师的眼睛，膜拜的欣赏，使他双眼发亮。——我能理解，讲了几十年唐诗宋词的他，此刻，因为真切地触摸到了一个朝代生生不息的血脉而幸福得有些忘形。

我有一个喜欢收藏的朋友，专门收藏陶瓷制品。有时互通电话，我说我烦，他便会说："那就来我这里看看我的藏品吧，保准能治好你的烦！"

他终日里心情好得让人气愤。我说："你赚大钱了吧？老实交代，你是不是拿一个破罐子，卖了个吓死人的好价钱？"他让自己的脸上堆满了同情，说："哎呀，你怎么俗成这样了？我干吗只有赚了钱才可以开心啊！实话告诉你吧，我只要一看到我满屋子的藏品，立马浑身通泰，三万六千个毛孔，无一个毛孔不畅快。"

有一回，我亲眼看到他像《鉴宝》节目中那些鉴宝专家一样，戴着雪白的手套，动情地抚摩他的藏品。那么粗糙的几个陶罐，他却要用那么轻柔的动作去与之亲近，仿佛手指肚上稍稍给丁点儿气力，它们立刻就会灰飞烟灭似的。

有人来买他的"宝贝"，他饶有兴味地跟人家拉起呱来。他自然是漫天要价，人家便就地还钱。天上一个数，地下一个数，两个数往一起凑，最后，对方一咬牙一跺脚说："就当死了一回，俺豁出去了！"他却嘿嘿一乐说："玩去吧你！你就是死两回，这宝贝也到不了你手里。"气得人家当场就和他动起手来。他妻子嫌他被收藏迷了心窍，和他离了婚。

我也曾试着问他："你把钱都用来买了这些破瓶子、烂罐子，究竟是图什么？"

"我听，"他说，"我听它们日日夜夜讲岁月的故事，光阴的故事。——这还不够吗?"

那天,在电视上看到记者采访一位著名的收藏家。记者问得委婉妥帖:"对一个收藏家而言,一件藏品,是长久地被拥有好呢还是短暂地被拥有好呢?"收藏家回答得耐人寻味:"在我看来,长久地拥有也好,短暂地拥有也好,欣赏就好。"

我不能悲伤地坐在花地

在淤塞了满心不快的日子里,被一群朋友喊着去了贡格尔草原。

车窗外面,是直铺到天际的绿毯,车上有人懊悔"咋就没带个足球来呢",有人央求司机:找块儿漂亮的花地,让我们下去拍拍照吧!

司机果真就把车子停在了一片开满了黄花的草地旁。

大家都下车了,我也跟着下了车。寻个缓坡,无声地坐下,看天的蓝,草的绿,花的黄。成群的美丽,如成群的牛羊,潮水般向我涌来,想要把我满心的不快庑了去;但是,我稍一凝神,悲伤立刻就主宰了我,叫我做不成快乐的自己。眼睁睁看着天的蓝,草的绿,花的黄,苦笑一声,自怜又愧怍地在心里说:我"白瞎"了草原呈给我的美。

一个穿了蒙古族服装的汉子,赶着一群洁白的羊儿在我们的旁侧走过。拿照相机的人纷纷追着那汉子和那羊群拍照。我不动声色地观察,发现了一个有趣的现象——有的羊竟然很有"镜头感",发现有人给自己拍照,会冲镜头摆个"POSE"呢!邂逅了羊的人与邂逅了人的羊,就那样在蓝、绿、黄的柔美色彩间温和地对视着,看得人心里一漾一漾的,有了想流泪的感觉……羊,撇下人,朝着水草丰美的地方去了。远了，更远了。

　　突然，人们爆出了笑声！看过去，见一个朋友的孩子正学了羊的样子，四脚着地，仰起头，让她的父亲给拍照；孩子的父亲匆匆按了几下快门，居然将相机一抛，撒着欢儿跑到女儿那里，与她并列站成了两只羊！所有的镜头都对准了他们，大家笑着，叫着，抱怨"笑得手颤，没法调焦距了！"见自己的创意出了彩儿，那对父女越发地疯了，居然头碰头假装"斗犄角"引人拍照！得了这对父女的启发，大家争先恐后地在草原上扮起了羊，有人甚至四脚着地在草原上悠闲漫步，偶尔还要低头叼起一茎草、一朵花，然后摇头摆尾，好不陶醉……

　　回到家，几乎每个人都把在草原上"扮羊"的照片设成了电脑桌面。"扮羊"的人对着那照片笑，也引得别人对着那照片笑。唯独我，缺少那样一张不该缺少的照片。

　　——在快乐拥抱他们的时候，我正拥抱着悲伤。快乐来了，怅然地看一眼我那被悲伤捷足先登的怀抱，失望地走开了。

　　说真的，那悲伤的源头究竟是什么，我几乎全忘了，就记得自己被悲伤攫住时那挥之不去的悲伤。

　　记得第一次在电视里听 S.H.E 唱《美丽新世界》，听到"应该学习婴儿，再宽容一点，哭过就忘了，别再记着昨天，还有什么悲伤……"，备极赏爱，赶忙打开电脑，下载并收藏了这首歌。我以为我能够听从女孩儿们这美好的劝导，学习婴儿，哭过就忘；但是，后来我才明白，我追求得越是狂热，我实现得越是艰难……

　　我多么愿意引领着自己看清楚：躺在二十床垫子加二十床鸭绒被之上，还能被最下面的一粒豌豆硌疼的人，是可耻的；面对诗意草原，独自黯然坐在缓坡上，任由悲伤绑缚着的人，是可耻的。

　　每天，生活都呈给我们一片无形的花地。当我们幸运地被摆放在这片花地面前，我们在跟自己说着怎样的心语？"初见"般的欣悦还属于我们吗？替一只羊感知幸福的情感还能不能温柔地俘住我们？那被悲伤奋力捣碎的东西我们有没有勇气与智慧将其复原？

我曾悲伤地坐在草原给我的花地，却不愿意再悲伤地坐在生活给我的花地。日子的红毯次第铺开，以怎样的心情走在上面，全靠自我选择。

三 一树芬芳

你长得……像个老师

有个前同行跟我说,她已经跳出教育行业好多年了,有人见到她还会对她说:你长得……像个老师。

她说:原先做老师的时候,有人说我长得像个老师,我会郁闷抓狂,莫名觉得那句话里含有鄙视,一种让人看透、说透的惶窘与难堪,搞得心里要多不自在有多不自在。可是,现在我怎么就变了呢?离开学校之后,人家说我长得像个老师,我突然发现心里还挺受用。我涎皮赖脸地缠着人家问:我真的像老师吗?那你说说我哪里像呢?嘻嘻,你瞧,我对那句话脱敏啦!

好几天,我心里卸不下这件事。

曾经,我也被陌生人猜对过职业。稠人广众之中,突然有人带着莫名的自信对我发问:看你的样子,是个老师?一惊,本能地否认道:我……不是啊……

否认过后又一惊,问自己:不是老师,我又是什么呢?

我,当然是老师,只能是老师。

我只是搞不明白,我们究竟是一个怎样的群体?我们究竟有着怎样的"样子"?为什么哪怕跳出"教育口"多年之后,我们身上依然有一种被人清晰嗅到的气息？我们脸上打戳记了吗？我们说话的语气自供身份了吗？或者，我们的行事中带某种职业特性了吗？长得比实际年龄老一些，表情里藏着说不清的隐忧，永远都在赶时间，喜欢高声讲道理，因为赚钱不易所以从不懂得一掷千金为何物……不嫩不萌不从容，不柔不乖不阔绰，这就是我、我们的"样子"吗？

教师节，多少孩子为我们献歌"长大后我就成了你"，我们陶醉啊！我们幸福啊！我们飘然欲仙啊！然而，且慢！当孩子高考结束填报志愿的时候，你对优秀生说：你为人正直、和善，口才又那么好，很适合报师范呢！那孩子听了毫不含糊地回答：我不想当老师！

是啊，太多孩子长大后不愿成为我们。这是个不争的事实。——老师的"样子"太好了！所以我不想学这"样子"。

我母亲是个小学老师，我是个中学老师，我曾动员我儿子去大学当老师，我儿子不愿拂逆我，嘴上说"好的好的"，但至今也没拿出实际行动。

"当老师多好啊！一年两个假期！"说这话的人，八成亲人中没有老师。一旦亲人中有老师，他就会知道，我们一年两个假期，是每天起早贪黑自己"攒"下来的。我们，每天从自己身上薅一把"羊毛"，最后，有了两件让别人艳羡的"羊毛衫"。

今天，如果有人再对我说：你长得像个老师。我会喜出望外地说：恭喜你，猜对了！我就是个老师。如果你进一步问我做老师赚到了什么，我会告诉你：我赚到了"样子"。是的，我有着让人一望而知的职业"样子"，在这"样子"的框定下，我活得凛然、坦然、淡然、超然。

倏然想起早年我曾在备课本扉页上抄写过沈从文的一段话："于清晨极静中闻鸟声，令人不敢堕落。"而我生命中的"鸟声"，则来自学生。鸟声啁啾，我亦不敢堕落。我"舌耕"以渡人，"笔耕"以自渡，从未忘记自己应有的"样子"。

这首"情诗"被我写上了《做一个治愈系教师》这本书的封面，提醒自己：老师的好样子，究竟所为何来——

  我爱你
  不仅因为你的样子
  还因为
  和你在一起时我的样子
  你我之间不必追问
  究竟谁赋予谁
  更好的样子

老师,那个女生还在"烧荒"

家科兄打来电话,告诉我说,苏庆昌老师发给了他一段文字。

那段文字,是写我的。

家科兄说,苏老师正在住院,准备手术了。

我问:苏老师有八十多岁了吧?

家科兄答:八十六岁。

唔,比我母亲大一岁。

大学毕业之后,就再也没见过苏老师。印象中,他比现在的我还要年轻许多。

下面是家科兄转来的文字——

一段回忆

躺在病床上几天了,无明月及清风陪伴,甚觉孤单,甚至有些许凄凉之感。

趁输液未开始,双手能自如活动,打开手机,随意搜索,忽然看到了张丽钧的这篇文章,是她读了清华大学一教授诗作的感想,看来这位教授是一位没有趣味的人,不好玩儿,我对这件事无兴趣，我感兴趣的是张文引发了我对宣化洋河滩生活的回忆。

  张丽钧是78级学生，他和徐国强一起常来我家。冬日，土屋内炉火正旺，无烟煤不时散发着微微的呛鼻的气味儿。在一种充满烟火气的氛围中，我们开始谈论徐国强写的诗。丽钧那时可能还不到二十岁，微有羞涩状，天真地忽闪着美丽的大眼睛，静听我对国强诗作的评判，她极少说话，请教我的问题全是徐提出来。我对徐的诗作读得很细，有时也帮他改几句，然后给我的朋友《河北文学》编辑尧山壁或王洪涛写一短信，将徐的诗推荐给刊物。那时丽钧尚未开始创作，她从未给我看过她的习作。后来他们毕业了，分配到唐山工作，逐渐失去了联系。

  我在河北师院中文系任教几十年，学生很多，但真正在文学创作方面取得引人注目的成就者并不多。很奇特的是，成就突出的几位都是78级的，丽钧就是其中的一位。多年前，我在《读者》等畅销刊物上经常读到她的文章。她的散文取材广博，具有清丽俊逸的风格。她现在转写杂文，开辟了一个新的天地，我有些担心她能在这个天地里驰骋多久。当下，杂文这种题材似乎正在消亡，其原因何在，我不知道。祝福她能在广大读者的认同中继续前行。

苏庆昌
2022年6月26日写于病床上

边读边哭。哭到无力。
央家科兄把苏老师的微信推给我。没想到，他竟建了个小群。
苏老师非常开心。他称我为"您"，称徐国强为"小徐"。
把苏老师的文章转给我儿子读。儿子回我：

"感觉你们年轻时才更有意思。"

我心中有无限感喟。

苏老师教我们现代文学，博学敏思，自成一家，主研方向为老舍，研究成果蜚声海内外；但给我印象最深的却是，脾气好！好到让人生疑。

在宣化，冬天冷啊，我们下一届一个小学妹，中煤气把命都扔在了那里。可是，活着的人把自己穿得鼓鼓囊囊，照样活得诗意盎然。徐同学可以用他的一首小诗轻易骗取一个"天真"女生的芳心，令她雀跃着陪他去苏老师宿舍求点评。

徐同学找苏老师看诗，毫无畏惧感，也真得了"实惠"。恨死我自己，我那时也偷偷搞创作呢，只是写了东西就压枕头底下，绝不肯示人。后来当我得知家科兄他们也都曾带着文章去苏老师处讨教，我懊恼得就像中了百万大奖却因怯于领取而眼睁睁看其作废。

我不知道我凭什么要让我亲爱的老师为我选择的文体担忧。但他的担忧就真实地摆在那里了。是的，作为祖国在历经凶年恶岁之后收获的第一茬庄稼，我永远期许籽实饱满，永远羞于活成一穗点头哈腰的莠。

我可以这样说吗——是您，给了我风骨。

一转眼，我的儿子都那么大了。他评判起我们的当年，说"感觉你们年轻时才更有意思"。

嗯，眼中有光，心中有光，当然就"更有意思"。

我需要做的，大概就是竭力捍卫这光，不让它熄灭或黯淡吧。

我在一篇文章中引用过老舍的一段话，大意是：人要是没有那么点劲儿，跟整天低着头捡食儿的鸡有什么分别呢？

老师，容弟子说句大话：我这数十载的浮沉得失，无不源于想活出"那么点劲儿"。

揽镜自照，当年那个爱诗的女生早被岁月的杀猪刀虐得憔悴不堪瞧，但她却已是黄昏不自愁，因她是个善偷的女贼哦——不断从岁月深处窃取火种，怀着憧憬，烧荒……

老师，弟子敬您，爱您，祝福您。

孩子，其实你不必这样

距离高考只有二十多天了，高三复习进入了白热化的程度。

这天，一个叫程海的高三男生来找我，嗫嚅地说："老师，我写了一篇备考作文，想麻烦您给看看。"我欣喜地接过作文，告诉他说："一点也不麻烦，给你这个高才生看作文，我好荣幸啊！"我不教他，但我一直在留意他。他长得又瘦又小，坐在教室的第一排；他各科的成绩都十分优异，在年级一直稳居前十名；他是"特困生"，三年的高中学费全免。

那是一篇写得挺不错的作文，我很喜欢，就边改边将它敲进了电脑。当我把一篇打印稿交给程海时，他喜出望外地看着我，一迭声地说了七八个"谢谢"。

做课间操的时候，我看着他特别卖力的样子，不由得有一点心疼。我跟他的班主任说："程海这孩子干什么都不会偷懒吧？"班主任说："何止是不会偷懒，他简直就是苛求自己。他生活那么困难，却不肯接受大家的捐助。你知道他怎么买饭吗？二两米饭，半份素菜——从来都是这样的。"我说："高三这么苦，这么累，每天的学习时间超过了十四个小时，是超强体力劳动呢！他才吃这点东西，身体非垮了不可!"班主任叹口气,没有说什么。

第二天,我特意到高三的售饭区等候程海。程海来得很迟,我知道他特别惜时,晚一些来为的是错开排队的高峰。程海往打卡机里插卡的时候,我看到显示屏上清晰地跳出了 41.50 元的字样。他买了一份饭,半份菜,还剩下 40 元钱。我和他边聊边往就餐区走。当我确信周围没有人注意我们时,我把自己的饭卡递到程海面前,假装很随意地说:"我们交换一下好吗?——别紧张,我需要减肥,你需要长肉,咱们一起努力,到高考那天,你把我饭卡里的钱用完,我把你饭卡里的钱用完,你说好不好?"程海有些手足无措,低声说:"老师,我的……钱,够用。"我说:"我看见你的卡里还有多少钱了。别让我着急了,咱俩其实是互相成全——好了,把你的卡给我吧。"程海说了声"谢谢",就和我交换了饭卡。

我的饭卡里存有 200 元钱,足够他这二十多天用了。那之后,当我去食堂买饭,偶尔遇到往高三售饭区走的程海,我都会向他做一个"V"形手势,鼓励他努力吃,努力学。

高考来了。

高考又走了。

程海到学校来找我,郑重地将饭卡还给了我,并真诚地向我道谢。我也找出他的饭卡,笑着说:"我的任务完成得不赖,你可不如我——你看你,还是这么瘦!"程海说:"其实我长肉了,偷着长的,老师看不出来。"

很快,高考成绩下来了,程海考出了 628 分的好成绩。作为关爱着他的老师和关注着他的朋友,我就像又经历了一次自己金榜题名一样高兴。

临近放假的一天,我到食堂去买饭。我把饭卡插进打卡机,显示屏上居然显示出了 160 元的字样!我一下子蒙了。我把饭卡抽出来,到储款机那里去查询，结果是——这张饭卡近期没有储过款！也就是说，在高考前的二十多天里，程海仅仅花去了他"自己"的那40元钱！

我捏着那张饭卡，突然有一种想流泪的感觉。

我看着冷清的高三售饭区，想着那个几乎天天来食堂都要"迟到"的又瘦又小的只买半份菜的男生。我惊问自己：是不是，我在无意中伤害了这个十分十分要强的孩子？

此刻，如果程海出现在我面前，我将对他说些什么？我想我可能会说：孩子，穷，本不是你的错，不要发誓用自己羸弱的身体去给"穷"这东西殉难，它不值得。如果一个人，表示愿意和你并肩迎击困难，你自然可以分析他的用心是否真纯；而当你明白地知晓他原是惴惴地揣了一颗善心，并希望用这颗善心给你取暖的时候，你就应当赐给他一个机缘。在这个世界上，钱永远不是最要紧的东西，如果你以为唯有清算了钱才不至于亏欠他人，唯有捍卫了钱才不至于辜负他人，那你就错了。要知道，有人会把你欣然领受一份善意看成是对他的至高奖赏。他期待着你幸福地体察到他的良苦用心，他也期待着你日后同样成为慷慨地赠予他人温暖的人。

孩子，说真的，我今生将能挣来无数个160元钱，而从这无数之中拿出一份喂饱你一生中最不该饥馑的日子，这该是件多么让我欣慰的事！可惜，你没有给我机会，你也没有给自己机会。我们之间曾发生过一个美丽的故事——你给了我一篇作文，我将它敲进了电脑，我们共同创造了一份有价值的记忆。相比之下，如今被我捏在手中的这张饭卡是多么不幸，它本是想殷勤地编织一个动人的故事的，岂料却留下了一处败笔。

——孩子，你在大学还好吗？买饭的时候，别总去得那么迟，早一点去，可以买到热一些可口一些的饭菜。

很疼很疼的藤县

01

其实,我们早就猜到了这样的结局——无一幸存者。只是,我们不忍说破。

我们在等有人来说破。

今天凌晨,看到了这则黑色消息。

02

漫山遍野都是人。但再也没有了那132个人。

他们,命归黄土。

亲属带走的那一抔土中,有他们的笑与泪。

家人哀嚎:想吻你的骨灰而不得啊……

那一片承受了太多血泪的土地,那一片卫星影像都有了明显改变的土地,从今往后,会不会,寸草不生?

03

戴孝的孩子还被抱在怀里,哭诉的老人已是白雪满头。

那个人,飞着飞着就莫名折翅殒命了。

活着的亲人,此生不敢再提飞机,此生不敢再看飞鸟,此生不敢再说藤县……

04

突然,我们就学会了说"来日并不方长",学会了说"明天与意外不知哪一个先来",学会了说"闲坐悲君亦自悲,百年都是几多时"……

生活的毒打,可以让人瞬间开悟。

05

有不少于二十个小主播声称自己是此次坠机事件的幸存者——买了机票,却未登机。

他们亢奋地蹭这个热点,无非就是为了吸睛和引流。

为了小视频的点击量,他们恨不得舍身融入藤县的黄土。

古人云:邻有丧,舂不相;里有殡,不巷歌。痛人之痛,哀人之哀,这样的美德,被我们恬然丢进了哪阵风里?

06

在唐山,听到过太多人说"我是大地震的幸存者"。

所谓幸存者，指的是侥幸生存下来的生还者。

从这个意义上讲，至今仍活在世上的每一个人，都算得上是幸存者。

病毒肆虐，祸患连连，你侥幸地被一枚接一枚的"地狱火"饶过，这还不算是幸存者吗？

07

幸存下来的人，怎样活着才对得起这份幸运？怎样活着才不会让藤县的黄土凄恻哀叹？

不必头角峥嵘，不必飞黄腾踏，不必锦衣玉食，不必豪宅广厦……最重要的，我们应该活出个人样儿。

08

江一郎有诗道：如果死亡的权利能够剥夺，我们就从他手中夺过来。

可是，他们组团在那个很疼很疼的藤县谢幕，一去不复返……

09

文王死后，孔子自称"后死"，此后，"后死"便成了自谦之词。

——后死，这是一个多么值得掂量的词！

我们在意的人撇下我们走了，我们迟早也要追随他们而去。一想到这不过是个时间早晚的问题，我们怎能不打一个寒战？

活赚，既是为了告慰"先死者"，也是为了安抚"后死者"。

10

努力为生，还要努力为死。

这话，是周恩来说的。

对后一句的理解，向来多有分歧。我最喜欢的诠释是：努力为身后赢取荣光。

幸存者，不可能永生。那梦想成为当代彭祖的人，与其说是蠢汉，不如说是懦夫。

逝者已矣，生者慧觉。

余生很贵，万勿浪费。

走了个保姆，来了个闺蜜

读亦舒文，心思在她写的一个小故事上流连，久久。

一日，摩纳哥王妃嘉丽斯·姬丽宴请宾客，女儿嘉露莲公主脱口而出："工人在哪里？"王妃听罢，大惊失色，连忙答道："亲爱的，我在这里。"

单看这段文字，多数人会看蒙——公主"工人"一词出口，王妃何以骇得花容失色？而王妃一句"我在这里"，显然是领了"工人"这一称谓，而她，又怎么可能是女儿口中的"工人"呢？

原来，王妃向来高看家中"工人"，不以"下人"待之，女儿冲口而出的"工人"一词，被王妃认为是唐突的、失礼的，所以，情急之下，她慌忙"救场"，机智会错女儿意，让真正的"工人"误以为公主在找的不是旁人，正是王妃本人。

我想到了娟子的故事。

娟子的婆婆跟她过，为此，她家雇了个保姆，娟子总是以"阿姐"呼之。娟子业余学英语，顺便教阿姐几句；娟子买衣服，顺便给阿姐带件同款的；娟子去做美容，也要拉上阿姐……

后来，娟子的婆婆过世了，阿姐便提出"辞职"。娟子知道，此时阿姐的经济状况已较前有了极大改善,纵有千般不舍,也不宜强留。

走时,阿姐对娟子说:我想买个房,就在你家这个小区——我想一辈子守着你。

娟子哭了。

她们于是做了邻居。

娟子说:"走了个保姆,来了个闺蜜。下班路过阿姐家,在阳台忙活的她会跟我打招呼,用我教她的英语对我说:hello, dear。去年我做手术后,阿姐整整照顾了我一个月,我成了 VIP 病人。嘿嘿,坐月子都没享受过那样的待遇啊。感谢老天,也给了我回馈阿姐的机会。半年前她出了车祸,我休了年假去照顾她……"

我喜欢这样暖心的故事,可令人沮丧的"现实版"却往往是:主仆之间的关系太过分明。主对仆呼来喝去、颐指气使,仆对主低眉顺眼、俯首帖耳。

我们不奢望雇主都是罗切斯特,毕竟,那个会对简·爱说"你这个仙女换来的丑孩子"的男人已然绝版;但是,我们有权期待雇主在介绍自家孩子时不要说"我闺女的特长就是欺负保姆"。

这是多么令人庆幸的事——王妃和娟子的体内,都没有感染那种叫作"鄙视"的流行病毒,她们仁爱而又温煦,对"下人"待若亲、敬若宾,她们慨然给予了抬举她们的人以抬举,她们的心,怎能不被幸福抢注了域名?

打一手春天

今天在地铁口,见到一个女子牵着一只导盲犬在从容地走。我惊讶极了!举起手机欲要拍照,但又觉得不妥,觉得对女子不够尊重,于是按下了躁动的手机。我假装看一块公益广告牌,眼睛的余光却死死锁定了那个女子和她的导盲犬。

那女子衣着入时,墨镜片又小又圆,像极了民国时期的太阳镜。她的导盲犬有着浅咖色的皮毛,红马甲上"导盲犬"三个大字格外引人注目。

突然很想知道,她是否认识北京的张冉和唐山的杨康。

我认识杨康十多年了。

那时,我们学校有几架钢琴,需要调律,有个朋友便推荐了一位"高级钢琴调律师"——盲人杨康。

见到杨康,我不太相信他是个盲人,我小心翼翼地问他:你是半盲吧?他笑笑说:全盲。

把钢琴交给这个"全盲"的大男孩我十分放心。我相信上天在拿走他的眼球的同时赐给了他多手多眼。

后来跟朋友聊起杨康,她告诉我说,这孩子是在十一岁那年失去眼睛的——他患了"视网膜母细胞肿瘤"。因是恶性肿瘤，不摘掉眼球，就会有生命危险。

杨康太像个"假盲人"了！他知命乐天、业务精湛、到处乱窜。他居然登上过珠峰一号营呢！

2016年，这个大男孩的生活发生了质的改变——他拥有了自己的导盲犬迪克。

我们学校曾邀请杨康做"国旗下讲话"。当杨康在导盲犬的引领下闪亮登场时，全场掌声雷动！杨康告诉我们，一只普通的狗，要经过六十项严苛的考试才能成为一只有专业水准的导盲犬，他还生动地讲述了他如何经过四十天的培训与考试，顺利从大连导盲犬培训基地领回了迪克的过程。很快，他和他的爱犬就做到了"人犬合一"，他甚至可以独自乘坐高铁往返北京。

现在要登场的是一个北京女孩——张冉。

张冉也有一只导盲犬，名叫沙果。沙果与迪克，都来自大连导盲犬培训基地。一段美好的"犬为媒"的爱情佳话，就这样在浪漫的大连拉开了浪漫的序幕……

看到过一句话：就算生活给我的牌再烂，我也要打一手春天！这话，我也曾试着往自己头上扣，但在那个地铁口女子和杨康、张冉面前，我羞愧地退缩了。

我问自己，"全盲"的，究竟是谁呢？杨康和张冉，看得见山青水碧，看得见柳绿花红，看得见爱与春天。他们大步流星地走着，热气腾腾地活着，他们把"盲"，拱手让给了哪一位呢？

"天地不仁，以万物为刍狗"，对老子这句话，历来有多种诠释。我这人比较固执，自打读到它，我就将它理解成了"天地毫不仁慈，把世间万物都当成了草扎的狗"，至今不动摇。

是的，天地又聋又哑又瞎，它断不会哀怜谁、悯恻谁；唯有人，才会怜惜人、顾念人，唯有自己，才能玉成自己、高扬自己。

　　须知，当你为命运的不公而悲吟浩叹时，迪克和沙果正引领着他们的主人兴致勃勃地"打一手春天"，想到这些，你还敢对着手里的牌懊恼戚恨吗？

一树芬芳
——记我的同事郭树芳

郭树芳，我最初看到这个名字，以为调来了个女同事，见面之后暗笑，竟是个货真价实的小伙子。

初为同事，都是华年锦时。我眼中的音乐老师郭树芳，是个在着装上颇讲究的人。我亲眼见他穿一件港味儿花衬衫，得意地问人家：猜我这件衣服多少钱？人家说：一百。他听了，极不悦，回怼人家道：快省着你那一百吧！连个袂袖子都不卖给你！

郭老师娶了位娇妻，据说是他早年的学生。郎才女貌，羡煞众人。

日子快速翻篇——郭老师当爹了。郭老师的女儿会写作文了。郭老师的女儿会写她爹了。

我看孩子的作文，边看边笑，笑出了眼泪。原来，这家伙在家里是个不折不扣的"暴君"！女儿用写实的手法，写出了他爹在屋檐之下不可一世的日常，夫威父威，统统拉得满到无以复加。后来见面我逗郭老师：姗姗（他女儿的名字）可把你揭发得不轻啊……说完就后悔了，担心他回家赏孩子带把儿的馒头吃，于是立马改口道：你女儿把你写活了，字里行间满是对你的敬畏之情啊！

可以说，我对郭老师的家庭有着全方位的认知。除了他的妻女，我还有机会结识他那个"粗活干得巧、细活干得妙、领导干得呱呱叫"的大能人父亲。

老爷子有写日记的习惯，他多年的日记曾放置于我的案头，一度是我乐于分享给学生的珍品。老爷子的日记图文并茂，写到砌墙，就当真画了一面墙，连哪个地方巧手砌出了一个花窗都画得清清爽爽。老爷子生病住院，居然画出了自己躺在病床上吸氧输液的真实情景，线条流畅，技法娴熟，令人惊叹不已。后来，老爷子撒手人寰，我前去吊唁，郭老师哭得泪人儿一般，我也仿佛送走了自己的一位忘年挚友，忍不住悲伤落泪。

许是得了老父亲的真传，工作中的郭老师总是灵魂在场、福流澎湃。

我俩曾合作写校歌，我作词，他作曲。他挑剔起我的歌词来毫不客气——这里再改改，那里再动动，咦，还是不理想……

"把事儿当事儿干"，这是郭老师身上最鲜明的标签。

学校一年一度的金秋艺术节，哪一次郭老师没有巅峰体验？西装革履，发酷唇红，大有君临维也纳金色大厅的阵势。为了追求艺术节的完美效果，他和音乐老师们不眠不休，每每有惊艳之作惊爆师生眼球。钢琴、扬琴、小提琴、二胡、箫、笛、葫芦丝……哪一样乐器他都玩得转，但，他主修的不是器乐，是声乐。

这么快，我俩就退休赋闲了。

我以为郭老师退休后就"把晚年当玩年"了，钓钓鱼，会会友，喝喝酒，吹吹牛，想不到的是，他非但退而不休，还迎来了音乐教学的二次腾飞。他不断与我分享他的教学成果和愉快心情，隔着屏幕，我都能感受到他那飞一般的心绪、非一般的体验。

最近他举办了一场演唱会，可惜因我身在外地，未能躬临盛会。

如果他的老父亲依然健在，一定会为儿子的卓异不俗感到骄傲吧？如果姗姗再写一篇题为《我的父亲》的作文，会不会写一写她老爸随三千烦恼丝飘落的三千暴躁呢？反正最近几次通话，我感觉郭老师越来越温煦了。都说退休之后是"半个出家人"嘛，出家人哪能动不动就使性子呀？

岁月淘沥，洗尽狷躁，唯有少年时萌生的热爱执着地舒枝展叶，酬酢光阴，傲视凋零。

春风又起，春草又绿。郭老师，衷心祝福你那"一树芬芳"风移香动，播美人间……

君心可晴

"君心可晴?"这是我通过手机短信问候远方朋友的一句话。很快,朋友就回复了,居然是:"君心可晴!"

对着阳光微笑,再一次感到汉语的无限美好。——我殷勤地探问朋友的心空是否晴朗,当然,这里面也蕴含着我的一个未曾明言的祝愿,那就是,唯愿朋友的心恰如那"蓝蓝的白云天";朋友复我时,巧妙地将我原先用以表疑问的"可"字改换成了表可以的"可",用不容商榷的口吻告诉问候者,你的心空是不应该有阴霾与云翳的。这有硬度的祝福,恰如那一句"你必须幸福!"当然,这个机智迅捷的回复也透露出了这样一层意思,那就是,此刻,祝福者的心空亦未曾落雨。

走在阴晴无定的四季,老天的脸色就是变给你看的,你掌控不了这一切,你所能够做的就是被动地接受,接受微风惬意的吹拂,也接受狂风肆虐的鞭挞,接受那"润如酥"小雨的多情爱抚,也接受"大如席"雪片的无情扑打。卫星云图永远做不成你的"解语花",由着你的心性派送阳光抑或派送风雨,它只是预先知会你它将要怎样怎样,你断然没有"民主参与"的机缘。

但是啊，你可以做自己心情的主子。

我过去的一个同事，经年累月地做着自己心情的奴才。他应该是个典型的胆汁质的人吧，凡事不可遏抑，激愤的咆哮几乎成了他生命的常态，发作过后就往嘴里塞速效救心丸，于是，办公室便总弥漫着一股驱不散的那种丸药所特有的味道。他似乎也意识到自己的心情需要拯救，便在办公桌的玻璃板下压了一副自书的座右铭：愤怒，等于用他人的过错惩罚自己。大约在这位仁兄压了那名言一周之后，单位聘请一位专家来做报告，那专家出语惊人："一些人总是喜欢把自己做不到的事儿编成座右铭，供起来。"与"胆汁质"同一办公室的人全都憋不住哗然大笑。散会之后，"胆汁质"怒吼着，连玻璃板带座右铭全部痛而毁之。

坏心情不需要任何理由，好心情也是。

我博客的"友情链接"只链接了一个人，一个与我同姓的爱笑的天使。总觉得她是为了开发我的好心情而闯进我的世界的。身心俱疲苦不堪言的时候，我就遁入她的天地，听她讲自己在一个毛绒动物玩具厂辛苦劳作时怎样靠着居里夫人的故事取暖，看她面对阿尔卑斯雪山时兴奋地宣称要"站起来"拍照。她总是笑靥如花，唇膏美艳，皮鞋锃亮。她每一篇博文后面都有无数跟帖。我注意到，在一个特殊的日子里，她在凌晨三点发表了新博文，热心的人们问她："这么晚了还没睡？""这么早就起来了？""因为这个日子特别所以睡不着吧？"我也跟了帖，说："姐姐让我感到了这个世界的暖。"——那个日子是"国际残疾人日"，这个爱笑的天使是张海迪。

如果发明一个"心情按钮"，我想没有人会不愿意将按钮永远调到"愉快"的位置，而修炼心儿的慈悲度、宽阔度、高远度、明亮度，无疑是有助于"心晴"的。在生命的列车上，我们说不清自己最看重的人或物会在何时下车，连同我们身体的某一部分，都有可能不会陪同我们走到终点，只有心情，是我们一生不离不弃的契友，是与我们的生命"等长"的东西。即使我们没有安装"心情按钮"，我们也不是完全没有可能在哪怕是阴雨连绵的日子里悉心营造一个"局部晴天"。心儿晴好，你才能活得美，活得赚！

——君心可晴？

——君心可晴！

只有拼命奔跑,才能留在原地

我的密友 H,是个特立独行的女子。

退休后,她先是选择了去贫困地区支教,前两天又告诉我说,她忙起来了,买了好几个网络课程,每天学习到半夜,光是其中一门课的学习笔记就做了五本了。

我开玩笑地说:"这么拼,分明是要迎考的节奏啊!"

她说:"对呀,就是要迎考。退休了,没事儿干,想考考研究生。没有读研,一直是我心里的头等憾事……"

我听了大惊失色:"真的假的?你要报考哪所学校的研究生啊?"

她说:"北大。"

我的妈呀!要知道,她可是特级教师、全国名师啊!退了休,不老实在家待着,居然整出这么大的动静!

我说:"你这励志都励到火星上去了!去跟马斯克对决吧!"

据说人在退休后要经历四个心理期,分别是:迷茫期、过渡期、调整期、适应期。可是你看这家伙,这四个心理期她都没经历,直接冲进了奋斗期!

我认识一对夫妻,都是喜欢搞笑的主儿。两个人几乎同时退休。

朋友们坐在一起祝贺他俩"解甲归田",他俩的对口相声可就说开啦!

男的说:"突然从驴变成了猪,我还真不会睡觉。"

女的说:"我半夜爬起来蒸包子!没办法,睡得太早,不习惯呀!三点钟就没觉了,只好扑厨房去填补我这小心心的空虚。"

男的说:"我俩真发愁,迷茫得要死。"

女的说:"我爱人这辈子最大的理想就是再生个儿子。现在国家提倡生二胎三胎,我俩也有了大块儿时间,虽说过了育龄期,但也不甘心啊!寻思着找个医生朋友给想想法儿,再生个孩子。"

——举座皆惊。你瞧人家这抱负!

如果说这对夫妇说的不过是笑谈,那么,我的朋友 H 可是百分之百认真的。

H 的举动,让我明白,人在退休后,天地竟还可以如此广阔。

我在"樊登读书"中曾听到过这样一种说法:你的认知水平,是你身边最亲近的六个人的平均值。如此说来,我的密友 H 就是老天派来拉高我的认知水平的呀!

"生年不满百,常怀千岁忧。昼短苦夜长,何不秉烛游……"不知为何,汉代这首劝人及时行乐的诗,有时会被人抽取其中一句用来励志,欣然将劝人举着火把疯狂游玩,一厢情愿地解读为劝人举着灯盏疯狂学习。

退休后,许多人开启了"秉烛游"的模式,他们的宣言是"我把晚年当玩年",可你看我这个密友,人家开启的可是"秉烛学"的模式啊!她用行动,霸气地"曲解"了这句汉诗。

《爱丽丝漫游奇境》里红桃皇后有一句话:"你只有拼命奔跑,才能够留在原地。"

是啊是啊,H 为了"留在原地",跑得多么卖力呀!我呢?如果我不跑起来,"原地"还会有我吗?

心许汉字

01

每当落了雪，面对一片开阔平整的雪地，我总会萌生出在上面写个大字的冲动。不是一次两次，而是从无例外。

一日，雪霁，我路过凤凰山公园，万分惊异地看到北门的开阔地带有人用脚踩出了一个硕大周正的汉字：超。

我猜，那一定是一个人的名字。要么是写字者的名字，要么是写字者在意的人的名字。超，这个字被写在白雪上，给人一种莫可名状的圣洁感。我围着那个字转圈圈，左看右看看不够。好想将它剜下来，带走。

晴好的日子里，这座公园里总有老人写"地书"。每当路过写"地书"的老人，我一定会鼓掌，不管那字是好是孬——我用掌声致敬汉字。

02

第一个骂我字丑的,是我的初中语文老师。

他写一手羡煞人的毛笔字,眼光极刁。面批我的作文时,他摇着脑袋说:"这么好的文采,这么要命的字!"——"要命",他用词可真狠呀!幸亏我有一颗大心脏,否则非抑郁了不可。

发狠练字,越练越孬……

撞上鬼了!

03

语文老师若是有一颗锦绣文心,很容易赢得小男生小女生的好感。并且他们极善于爱屋及乌。

那是我刚参加工作不久。有一天下了课,我匆匆离开教室,快到办公室时,发现将一样东西丢在教室了,连忙返身去拿。走到教室门口,我惊呆了,有个小女生正举着一支粉笔模仿我的笔体写字,她已经写了好多字了,有几个字甚至达到了"乱真"的程度……

突然我的脸就起火了。我对自己说:我这"要命"的字,哪配让孩子如此虔诚地摹写呀?

04

那一年,《读者》的编辑向我约稿,让我"亲笔"抄写一首现代诗,说要在杂志上展示我的"墨宝"。我一听,脑袋嗡地一响,要晕!但虚荣心立刻救起了我,然后,我就自不量力地应承下来了。

写那首诗的时候，我居然清晰地看见我的初中语文老师一直在角落里摇着脑袋喊"要命"。真背气！纸团抛了一地，颓坐在椅子上，丧到崩。

那首诗印到杂志上之后，跟一个擅长书法的拐弯儿朋友一道用餐，他说："我看到你抄的那首诗了，你的字……很有特色，可以练练。"我心堵了一晚上。

05

读毕飞宇的文章《这个字写得好》，从头笑到尾，笑出了眼泪。

他刚当语文老师时，一个学生家长——退休的老语文教师让他写春联（给他机会，让他露一手），结果，他写出的字也是个个"要命"，退休老师沉默不语，目光中满是失望与同情……待到写那个繁体字"飞"时，毕飞宇却如有神助，将它写得异常俊逸（因为，他名字中有一个"飞"字嘛，所以写这个字格外有心得），退休老师终于不再沉默，激动万分地说："这个字写得好！"

爱死这位退休老师了！绝不谬赞人，也绝不埋没人，你写好了一个字，我就盛赞你这一个字，至于别的字，请允许我献上隐忍的痛苦。

——我跟毕飞宇同病相怜呀！

06

你命里缺什么，你就会追逐什么。

比如我，就追逐字写得好的人。

我恭请书法家张学鹏先生到学校讲座，听他说：如果你让我写一个竖心旁的字，我会写"悟"，绝不会写"懒"，就算我能把那个

"懒"字写得再漂亮，我也不会写它。——在他看来，汉字是有"暗示力量"的，它身上附着着的看不见的力，会成为你生命的谶语。

天！忙检点自己：我爱写哪个字呢？那上面蕴蓄着怎样的力量？

恍惚忆起买三色圆珠笔的情景，我要试试笔的下水情况，于是下意识地在一张试写纸上反复写着"美美美……"难道，它竟是在昭示我寻美的人生之旅？

07

在连云港，我遇到了"汉字叔叔"理查德·西尔斯。看这个老外娴熟地写小篆，我突然有一种六神无主的感觉。老天！求你别在我面前把汉字写得这么俊，行吗？

告别"汉字叔叔"后，我闷头在酒店里练了半天字——受刺激了。

08

朋友圈里有个叫谢华的语文老师，字写得漂亮到让人想跟那字谈恋爱！

她有多爱汉字呢？这么跟你说吧，她的微信名就叫"汉字之美"！

她一晒字，我就亢奋。

知道我爱她的字爱得紧，谢老师为我寄来了两本她的书法著作，还有两帧美美的书签。

多想告诉我的初中语文老师：别看你学生的字那么"要命"，却可以被美得蚀骨的汉字宠到无法无天！

09

抚弄汉字，令我五体俱欢。

一个心许汉字的人，怀揣了太多关乎汉字的沁香故事。

人生荒凉，汉字滴翠。

得着汉字深情的安抚与宠溺，我每每对千疮百孔的灵魂说：不要呻吟！你不是还可以在汉字中流连、耽美吗？将块垒交与汉字去消融、消解、消释吧。一个在汉字中自渡、渡人的人，一个试图将"超"字剜下来带走的人，要有超然的心境，更要有在雪窟里拥住春天的能力……

丰盛感

这是苏东坡的诗——

> 无事此静坐,
> 一日似两日。
> 若活七十年,
> 便是百四十。

一个爱好书法的朋友最擅长写第一个句子：无事此静坐。

这个句子，还是汪曾祺一本书的书名。

看来，大家都不讨厌这诗句，都怀有找到可"静坐"之处然后将七十活成百四十的热望。

嘿！给寿命做个乘法，这是何等的"丰盛感"啊！

想到了生命的长度、宽度、高度。

长度，是自然寿命。

宽度，是社会寿命。

高度，是精神寿命。

有人是自然寿命的大赢家，例如传说中活了四百四十三岁的陈俊。

有人是社会寿命的大赢家，例如被一代又一代传诵其佳作的李白。

有人是精神寿命的大赢家，例如中国禅宗创始人惠能。

这三者"齐高"的人有吗？有的！举个当代的例子：活了一百一十二岁的汉语拼音之父周有光。

因为后两种寿命追求起来难度较大，所以，太多人开始执着地追求第一种寿命——过度养生，过度健身，过度供养这具皮囊。

保健品为何热销不衰？广场舞为何屡禁不止？似乎都有了答案。有人以为那里面藏着"丰盛感"。

老子说：死而不亡者寿。

他这句话囊括了三种寿命。死，指的是自然寿命的终结；不亡，指的是社会寿命和精神寿命的延展。

老子究竟活了多少岁？有人说八十五岁，有人说九十岁，有人说一百零一岁，有人说一百六十岁……但是，活了多少岁都不重要，重要的是，他"死而不亡"。

——老子为"死而不亡"做了个完美注脚。他活出了"丰盛感"。

回到苏东坡那首诗上。他说，若活七十岁，便是百四十。

这简直太鼓舞人心了！

那么，这乘法该怎样做呢？

我先不说该怎样做，我先说普罗大众一不留神就能做到的——做除法。

若活七十岁，

便是三十五！

对的。甚至不仅仅是除以2，还可以除以3、除以4……

真不幸，你活到了"丰盛感"的反面——"浇薄感"。

生命从诞生到死亡，就是个磨损的过程。这磨损又可分两种：外损，内耗。你骑车被撞伤了，是为外损；你生气早搏了，是为内耗。

外损和内耗都可以蚕食生命，为我们的寿命打折。

"争分夺秒地慢性自杀"，这句话的含义，你懂吗？

一边想把七十岁活成一百四十岁，一边争分夺秒地慢性自杀，这也太拧巴了吧？

上天为难了，他不知道该成全哪一个你。

有位朋友说——

> 一等网友晒思想，
> 二等网友晒健康，
> 三等网友晒旅游，
> 四等网友晒儿郎，
> 五等网友晒衣裳，
> 六等网友晒肉酱。

六个等次，从精神追求慢慢降至物质追求，这条线，多么明晰！

海量肉酱能活出"丰盛感"吗？让张朝阳告诉你吧。张朝阳说："我什么都有，却这么痛苦。"

——"浇薄感"不放过富翁。

那"无事此静坐"的"此"，一定不是有"肉酱"的所在，一定是个能宠溺心灵的所在，只有在那里，你才能获得将一日过成两日的"丰盛感"，你才能活得值，活得赚。

不过，倘若你家隔壁有个人被铁链子拴了，过着猪狗不如的日子，你却装聋作哑地闭目听禅乐、诵心经，终日活在自己的"伪丰盛感"里，那么，你活得越久，这个世界越不幸。

所以马斯克说：长寿可能是灾难。

你活着，却不能让别人感受到"有你真好"，你成了别人"浇薄感"的贡献者，这样的人，自然寿命越长，投射的阴影越大。

明哲保身，注定活不出"丰盛感"。

"丰盛感"，是来为深度融入这个世界的人加冕的，这样的人，惜身、惜名、惜时、惜情、惜缘、惜福、惜花香、惜鸟鸣、惜月影……将自己活成了人间胜景。

愿你此生能寻到自度、度人的精神花地，愿你能在"丰盛感"中傲视凋零，活成神仙。

沉浸先农坛

古枫兄退休后进京看孙子，一转眼，孙子就长大了，他怕闲出毛病来，便找了个心仪已久的事做——去他家附近的先农坛当起了"志愿讲解员"。

他多次约我去听他讲解。建中兄说："你可得去听听，古枫是先农坛的一景！又老，又土，还满口唐山话，就这，还当上了'北京市十佳志愿讲解员'！这北京忒没人了吧？"

我一边听一边笑，知道建中兄的话是明贬实褒，他为古枫兄《先农坛听雨》一书画插图，一画就画了小半年。哼，我早看出来了，他跟古枫兄"互粉"。

阴晴无定的日子里，我和老徐跟建中兄约好，去先农坛享受"十佳讲解员"带来的福利。

古枫兄早在先农坛门口迎候多时了，见到我们，兴奋得有些结巴。我说："哥，捋捋舌头，准备进入角色哈。"

我们刚进太岁殿，倾盆大雨就倒下来了。古枫兄说："你看这老天爷，多讲究啊！赏你们到'先农坛听雨'来了！"

是呢，半年前拿到古枫兄的赠书《先农坛听雨》，就知道先农坛跟雨最"搭"，就盼着在雨中游先农坛呢，没想到，进大门时还是大太阳，这会子老天爷竟慨然赠了一场凑趣的雨。

古枫兄的讲解确实别具一格，他在死的解说词中揉进了许多鲜活的故事和机智灵活、亦庄亦谐的评说。光是一个"藻井"就能讲得天花乱坠、地涌金莲，许多陌生的散客纷纷围拢来"蹭听"，大家脸上写满惊奇——这老同志莫非是先农坛"坛主"？

在这个明清两代皇帝祭祀先农诸神的场所，最让我惊叹的是"一亩三分田"。当我们站在那方著名的农田前时，雨恰好停了。

古枫兄说："咱们今天一说到一亩三分地，往往是指自己的势力范围。其实，明清时的一亩三分地，就特指咱们眼前的这占地面积一亩三分的地块。它是皇上的耕种示范田。来，你们先看看这田里种了什么作物？"

一众散客七嘴八舌："高粱……玉米……豆子……"我笃定地说："谷子。"古枫兄向我投来赞许的目光。他说："这位女同志说对了，这是谷子。咱们不常说'江山社稷'嘛，这'社'，指的是土神；这'稷'呢，指的就是谷神了。'稷'的本意是指谷子，它是百谷之首，所以，这一亩三分地最适合种谷子。"

我们虔敬地打量眼前的谷子。它还没吐穗，植株也未见多茁壮。

我指着古迹标牌上的"明清耤田礼仪区"的"耤"字问古枫兄："这个字，究竟读 ji 呢还是读 jiè 呢？它好像跟借东西的"借"意思相同，但我记得我们的课本上标注的是 ji。"

古枫兄说："ji 音，借意。古者使民如借，虽说'溥天之下，莫非王土，率土之滨，莫非王臣'，但是，天子使唤老百姓也不是天经地义、理所当然的，你是'借'百姓来耕田。这个'耤'字，包含了尊农、贵农的意思。"

古枫兄继续讲解："每年仲春亥日，都要在先农坛行耕耤礼。程序繁复得不得了！亥日头两天，皇上和三公九卿、诸侯百官们就开始斋戒了，以表示对耕耤礼的高度重视；亥日头一天，皇上在紫禁城阅视祭奠祝文、谷种及农具后，差人送到先农坛，分别安放在神库和耕耤所。另外，为了避免皇上被日晒、被雨淋，还要在这一亩三分地之上搭一个大彩棚，皇上在彩棚里耕地……"

古枫兄说到这里，有位女听众大叫起来："妈呀！这皇上真能嘚瑟！"

古枫兄说："哎！这位女同志厉害，你跟乾隆皇帝想到一块儿去了！乾隆皇帝就是嫌搭彩棚太嘚瑟，下令不让搭了。他说，我的百姓们凉雨耕、赤日耘，他们搭彩棚了吗？搭一个彩棚，花费相当于几十户中等农家的年收入啊！太败家了！以后再别搭这劳民伤财的破玩意儿了！"

大家噼啪鼓起掌来。

古枫兄接着讲："仲春亥日这天清晨，皇上着礼服乘龙辇出紫禁城，午门鸣钟。君臣一行人到先农坛之后，皇上要祭拜先农，然后到'具服殿'更换龙袍，户部尚书跪进耒——耕地的一种农具，顺天府尹跪进鞭——赶牛用的，然后，皇上右手执耒，左手执鞭，耆老二人牵耕牛，鸿胪寺官宣布仪式开始，皇上庄严步入一亩三分地，扶犁亲耕。

"皇上耕地，要'三推三返'，也就是来回耕三趟。但是，雍正皇帝嫌少，不过瘾，于是改成了'四推四返'。雍正皇帝执政十三年，到先农坛扶犁亲耕十二回。可谓用实际行动支持农业发展。"

我们当中有人小声说："皇上真会秀啊！"

古枫兄逮住这句话，说："该秀就得秀！皇上耕田，意在'劝农'，象征意义大于实际意义。你知道吗，雍正皇帝在位时，连续三年全国奏报'嘉禾'喜讯，所谓'嘉禾'，就是一根谷秆长多个穗子，是祥瑞之兆。当时的清廷御用画师、意大利传教士郎世宁还特意画了《瑞谷图》，以示庆贺。

"皇上扶犁亲耕之后，就要到'观耕台'上检视三公九卿行'五推五返''九推九返'之礼。当礼部尚书奏报'耕耤礼成'时，乐队奏《祐平章》，皇上方可起驾离开先农坛。"

说话间，我们已移步"观耕台"。一亩三分田的青翠尽收眼底。

在古枫兄的导引下，我们聚焦于"观耕台"汉白玉栏杆下的琉璃纹饰。

古枫兄说："现在，请掏出你们的手机，开始拍世界上最漂亮、最罕见、最接地气的龙——'龙缠草'吧！"

我们趴在栏杆上，定睛细瞧，惊叫连连。

这观耕台上的龙太会打扮自己了！龙身上一律披挂了大片绿叶，尤其夸张的是尾部，索性拖了一串绿叶，龙尾掩藏其中。

我一向厌龙、惧龙，但这观耕台上的龙让我觉得可亲可近，它满身蠢蠢的绿叶，让我不由得生出爱抚之意，我甚至觉得我今天早晨吃的面包都得到过这龙的遗恩、照拂。

古枫兄见我们个个都被这龙缠草征服，煞是得意，他说："古人说：'民以食为天，食以农为本。'你看，连真龙天子都要礼农、敬农、悯农、亲农，都要将农作物的叶片视为最高级、最美丽的装饰品。我们来到先农坛，就是要接通人与大地的信息，就是要让这片生长'嘉禾'的土地与我们卑微的生命息息相通。

"我常想，如果我们的孩子不会背'二十四节气歌'，不会由衷地说'岁岁风调雨顺，年年物阜民康'，我就为他们遗憾，为先农遗憾，为这一亩三分地遗憾……这也是我为什么在退休后分文不取来这里为一个'农'字站台的原因所在！大家如果被我这个又老又土又满口唐山话的老同志给感动了，就请给点掌声吧！"

掌声四起。

有个举着小本本的小学生凑过来说："爷爷，您能给我签个名吗？"

秋窗风雨夕

当年读《红楼梦》,爱到心头滴血的诗,竟不是《葬花吟》,而是《秋窗风雨夕》。

清楚地记得,我逐句查数过全诗中哪句带了"秋、窗、风、雨"四字中的哪一字;并且,我用心地背诵过它;每年一到秋雨连绵时节,心里一准会吟诵起"秋花惨淡秋草黄,耿耿秋灯秋夜长,已觉秋窗秋不尽,那堪风雨助凄凉……"所以,于我而言,真正的秋风,不是打夏末吹来的,而是打《秋窗风雨夕》的字里行间丝丝缕缕汇聚而来的。

及至后来,听到王立平为《秋窗风雨夕》谱的曲,欢喜得紧。只听了一遍,就差不多会哼唱了。

记得王立平曾说过,曹雪芹在《红楼梦》中几乎把什么都写清楚了——建筑、家什、花木、衣饰、饮食……唯有音乐,"一个音符都没有",只能"无中生有"地创造。凭空为《红楼梦》中的十几首诗词谱曲,又要谱到每个"红迷"的心坎上,谈何容易?但是,王先生说,只要能将自己的名字与曹公的名字并写为"曹雪芹词,王立平曲","上刀山、下火海,也值了!"

他哭着、笑着、疯着、魔着,整整写了四年……

曹诗与王曲,契合度那么高。以至于让我觉得,《红楼梦》问世二百多年来,一直是天缺一角,直到等来了"把全部才华都献给了《红楼梦》"的王立平,我们头顶那胭脂色的穹隆,才真正完满起来、嫣润起来。

如果说王立平是曹雪芹的知音,那么,陈力就是曹、王的知音。不能是李力,也不能是赵力,必须是陈力呀,还必须是那个时期的陈力呀。

王立平焚心泣血地把曲子谱好了,却苦于选不出能完美地演绎它的歌手。在否定了众多专业歌手之后,他寻到了名不见经传的长春一汽业余歌手陈力。当时的陈力,忍受着丈夫去世的悲恸,接过了这一宿命般的重任。她练唱时,女儿无比气愤,甚至气到不再跟妈妈讲一句话。因为在女儿看来,妈妈是万不该在此时唱歌的。女儿哪里知晓,妈妈是把寸断的肝肠都揉进歌中了呀……

一个是泣血成书。

一个是泣血成曲。

一个是泣血成歌。

三个泣血,其实都是在为林妹妹泣血。这些"泣血"撞在一起,使得悲戚惨怛的《秋窗风雨夕》具有了惊魂掠魄的力量。

尘世间,唯有具备"灵魂相似度"的人,才可能真正彼此读懂。精神的血缘,可以跨越时空,将失散已久的亲人,紧紧绾结在一起。

秋雨中,我打了个寒战,《秋窗风雨夕》旋即从心底姗袅而来。仿佛是,它一直蛰伏在那里,从去年秋天,一直蛰伏到今年秋天,只等我一个寒战,它就携着比秋雨更寒的秋意,侵蚀了我,浇熄了我,捣碎了我。

"谁家秋院无风入,何处秋窗无雨声?"这"砭人肌骨"的秋风秋雨，它是来偷取人心上的青葱绿意的呀！吟唱一回《秋窗风雨夕》，我的生命就飘逝一缕。今秋这个吟唱的我，已不再是往岁那个吟唱的我……床榻间辗转难眠之际，耳畔是高一声低一声的《秋窗风雨夕》。我想跟这入骨的纠缠说声"再会"，然而，不能够的。它们抚遍我的周身，潜入我的三万六千个毛孔，令我于寒彻中顿然洞悉了尘世之纷扰——素日看重的，此刻想要撇弃；素日看轻的，此刻欲拥入怀。

一个好的作品，真真具有信仰的伟力啊！

后来，又听了吴碧霞、郑绪岚、童丽、本市歌星们演唱的《秋窗风雨夕》。几乎每个人，只要唱到第一句"秋花惨淡秋草黄"的"草"字时，我就忍不住叹气了。陈力口中的那个"草"字，能黄到你心尖上，枯到你眉睫间；而他们口中的那个"草"字，或炫技，或蛊溺、或狎昵，或甜腻……唉，唱惯了甜歌的妹子，贸然尝试这苦郁的歌，又有那陈力在上，这不是自毁的节奏吗？

悲的力量其实是远大于喜的力量的。有人说，中国历史上没有真正的悲剧作品。还好，我们有个《秋窗风雨夕》。它带给我的痛感以及痛感后的审美快感，是《春江花月夜》之类的诗所永远不能给予我的。

秋了。我看见许多音符，都随秋叶一同零落成泥了。而那风中兀自摇曳的一枝，愈显得风致旖旎。——听哦，是谁叩窗，向你嘘寒……

暖 透

好大风！楼房似也被吹动。

拐过那道仿古青砖墙，猝不及防地，见背风处坐了一个白发老人，面前摆一条花花绿绿的"国民棉被"——不用说，那棉被苦了东西。

"买点这个吧……"老人有些不抱希望地对我说。边说边掀开被子一角，露出泡沫箱，再掀开泡沫箱，露出他的"这个"——樱桃萝卜。

我俯身端详他的宝贝，可真漂亮！整整齐齐地打了捆儿，红的娇艳，绿的精神！让人不由得幸福地想象这若是整株洗净摆进青花瓷盘端上餐桌该多么讨得一家人欢心。

"多少钱一捆？"我问。

"五块钱。"老人来了精神，殷勤地答。

嗯，不贵呢！我心里说。可是，我这是要去医院做理疗呀，我拎着一塑料袋樱桃萝卜闯进理疗室，也忒违和了吧？

"这么冷的天，会冻的……"我打退堂鼓了。

老人赶忙说："我给你多包几层塑料袋，冻不了。"

我左顾右盼，做出趆摸他的二维码的样子："我怎么给你钱呀？

我只带了手机。"

他说:"最好,最好给现钱,实在不行,扫码也行。"说着,有几分不情愿地从怀里摸出一个塑封的二维码牌牌。

我正要扫码,一个中年男子连蹦带跳跑了过来。

"冻死我了!"他夸张地嚷着,"又花十五块钱买了个袋子,装你这十块钱的小水萝卜!"

边说边抖搂着一个米白色购物袋,"给!十块钱。这下钱可以归你了吧?哈哈哈……"

老人不住声地说着"谢谢"。

我注意到男子递钱的手上戴着个大金戒指,有普通顶针那么宽,有十个普通顶针那么厚。

"真俗气!"我心里说。

我举起手机欲要扫码。

男子突然冲我叫起来:"别扫别扫!给他现金!"

我说:"我没带现金。"

男子说:"嘿!跟我一样,出门就带个手机。你扫码,钱就到他儿媳妇手机上了,你给现金,他就得了!我教你哈,你也像我这样,去那边小超市花十五块钱买个袋子,然后,让收银员扫你二十五块钱,找你十块钱现金,这不就都有了?现金归他,小水萝卜也冻不坏,袋子还可以重复使用!——哦,那是个私人开的小超市,这操作,没问题!"

"你,不是托儿吧?"我开玩笑地问。

他听了哈哈大笑:"我是托儿!我就是托儿!我心疼这个大爷,八十三岁了,比我爸还大两岁呢,天寒地冻地跑出来卖自己种的水萝卜;你只要一扫码,钱就让儿媳妇叼走了。虽说我今天刚认识这位大爷,可我真愿当他的托儿,动员像你这样的好心人想办法给他现金,让他攥住几个小钱……你说，我这托儿当得是正还是邪？"

　　他边说边做着夸张的手势，顶针样的大金戒指晃来晃去。

　　我竟觉得那戒指不那么俗气了。

　　迎着风，我向超市走去……

大香奶奶

一直想写写大香奶奶，又一直担心这支拙笔写不好她。

大香奶奶家跟我家隔着三户人家。她名叫大香，却生得又瘦又小，还有点佝偻；因为有头疼的毛病，一年四季都戴着帽子。他男人靠一样家传的手艺——炒花生吃饭。

有一回，母亲去大香奶奶家借筛子，心眼贼多的妹妹假装去找妈妈，也去了大香奶奶家，结果，赚回来两口袋热乎的炒花生。那年她大概五六岁吧，穿着我穿小了的一件旧花裤子，美滋滋地捂着两个鼓鼓的口袋在屋子中间转磨磨，我和弟弟互递一个眼色，扑上去就开抢她的花生，她夸张地尖着嗓子大哭，引来了母亲。母亲骂了我和弟弟一通，责令我俩把花生还给了妹妹。但妹妹不干，硬说少了，尖着嗓子大哭不止。母亲没办法，只好给了妹妹两毛钱，让她自己去大香奶奶家再买些花生。

第二天一早，父亲打扫院子，竟在东墙根捡到了一样东西——紫花手绢包着的炒花生！甭问，是大香奶奶扔过来的。

母亲给我们分了花生，洗干净了手绢，又摘了一些半青半红的大枣，亲自送到大香奶奶家。

想不到，自那以后，扔"花生包"的节目竟频繁在我家上演，搞得我都戒掉了早起赖床的毛病，天天巴望着第一个冲到院子里，捡回一包热乎的炒花生——你不知道，在下了一层薄雪的院子里，欢天喜地捡起熟悉的紫花手绢妥妥地包着的热乎花生，是一件多么幸福的事。

大香奶奶多么敬重我那做小学教师的母亲啊！作为长辈的她，从来不直呼母亲的名字，只叫她"张老师"。大香奶奶的一个孙子、两个孙女，都是让母亲给起的名字。母亲跟大香奶奶说："别总给孩子们送花生了，惯坏了他们！"大香奶奶说："你家日子过得紧巴，少不了亏孩子的嘴，我拿不出山珍海味，几粒花生让孩子们解解馋吧。"

我大二寒假回家，妹妹红着眼圈告诉我说："姐，大香奶奶没了。"我心里咯噔一下："她也就七十多岁吧？"妹妹说："才六十九岁……姐，再也不会有人给咱们扔花生包了！大香奶奶到死都惦记着咱家呢……"妹妹说着流下泪来。

母亲和妹妹争着跟我说起了大香奶奶的事。

大香奶奶病倒后，母亲去看她，听她儿媳妇说她想吃苦瓜，但已经是深秋了，苦瓜不好找。母亲问自己班的学生，谁家种过苦瓜？谁家还储着苦瓜？自己班的学生家没有，就又去别的班问，一连问了好几个年级，终于有个三年级的小女孩从她奶奶家里找来了两根苦瓜。

大香奶奶是在吃到苦瓜的当天夜里闭上眼睛的。

大香奶奶后事办完后的第二天，她的儿子、儿媳一人扛着一个面袋子来到我家，一见到我父母就双双跪下了。我父母惊坏了，赶忙扶两个人起来。大香奶奶的儿子对我父母说："哥，嫂子，我娘咽气前，我问她还有啥要嘱咐我的，她说，儿啊，我跟张老师家借过三十斤小米、三十斤白面，你记着替我还了……哥，嫂子，啥也别说了，你们就成全了我的孝心吧。"

我母亲哭着说："我的老婶子呀，你叫我怎么咽得下这三十斤小米、三十斤白面呀！你心里装的都是别人的苦，临走想吃样东西，还是苦瓜，你把苦都替别人吃了……"

我也哭了。

妹妹哽咽着说："大香奶奶的儿子又不傻，他肯定知道，他家日子那么好过，不可能向咱家借粮食啊！他知道他娘是想接济咱家，所以，他反复说'你们就成全了我的孝心吧'！他心里明镜似的。姐，我现在出门，总绕着大香奶奶家走，只要一过她家大门，我的眼泪就止不住……"

多少年后，我和妹妹都工作了、赚钱了，每次回家，我俩都不约而同去大香奶奶家买花生。她儿子问我们："买这么多，怎么吃啊？"

我俩笑笑说："放心吧，一粒也剩不下！"

每当把花生分给同事、朋友，我都会忆起那一方紫花手绢，它那么小，却能包天裹地、布霓散霞。作为一个曾经受惠于它的人，我问自己，我该怎样行走人间，方不负它慨然的恩宠……

抬头看云

心壤之上，万亩花开

坐在候车室，等一列车将我衔走。

噪声包围了我，我告诉自己不要再贡献声音，于是我将咳嗽强行按了回去。

妹妹走了，一步一回头。她发来语音：你一个人，要小心！——带着哭腔。

距开车不到十分钟了，琳琳突然发来一张照片——照片上，恰是此刻的我！周围全是陌生的脸，我的脸，浮上来，目光呆滞，面无表情，特别难看。

莫非，琳琳来了?!——当然，这是她的城市。我本不想惊扰她，但看来，冰雪聪明的她，通过某个渠道得知，我，此刻，在这里。

我在噪声中对着手机大喊：喂，你在哪里？

她说：回头。

一回头，她竟在眼前了！

我扔下大包小包，抱住她，问：你怎么混进来的？

她笑答：干吗要混？人家买了票的！

我蒙了：与我一趟车？

她点头：对呀！我送你一站……我买的站票。

车开了。我俩只有一个座，便弃了，跑到商务车厢，蹭高级座，屁股刚一沾到座椅，乘务员就来撵了，只好狼狈地跑到车厢连接处，站定，旁若无人，聊啊聊，直聊得车窗外一树一树桐花开。

二十二分钟，好快！琳琳把一直拎在手里的包塞给我，转身下了车。娇小的身影，瞬间被人流淹没。

……

我问自己：我怎么哭了？

回到座位上，看她给我的东西。其中，有一叠木心手稿。我一张张地拈起看。好芜杂！有几张，简直涂得像差生作业——嗯，这才有趣，仿佛那木心刚刚乘兴写罢，又尽兴涂毕，托付琳琳，转交给我。哈哈。

散漫的目光，渐渐聚焦于一首诗。

这首诗，我先前读过的，遗憾的是，没读出深意。

这首诗的题目是《杰克逊高地》——

　　五月将尽

　　连日强光普照

　　一路一路树荫

　　呆滞到傍晚

　　红胸鸟在电线上啭鸣

　　天色舒齐地暗下来

　　那是慢慢地，很慢

　　绿叶藂间的白屋

　　夕阳射亮玻璃

　　草坪湿透，还在洒

> 蓝紫鸢尾花一味梦幻
> 都相约暗下，暗下
> 清晰，和蔼，委婉
> 不知原谅什么
> 诚觉世事都可原谅

最后那两句，我读了一遍又一遍又一遍又一遍……这是一个灵魂长期受锤的人舔舐着伤口发出的呓语吗？在如此美妙的夕阳之下，在"暗"一点点一点点地铺开之际，旷达的诗人与万物和解了。他用目光温柔地抚摸着红胸鸟与鸢尾花，决定不再计较，不再纠缠，不再怨艾，澄澈的心空写满了宽容——无一人、无一事不可原谅。

你不会无缘无故被一些文字菟丝草般缠住。你在这些文字中照见了自己。对琳琳而言，她不可能是特意赶来送我这两句诗的，但这两句璀璨的诗，经由她的手，宿命般地镶进我黯淡的生命。

被曲解。被误读。被辜负。被褫夺。曾经，我以为这些都不可原谅。但是，夕阳下颔首微笑的木心，举着两句诗追火车的琳琳，他们，让我想放下了。

每一个生命，都会如期迎来夕阳西下。如果友善可以构成罪名，暴戾即可获得勋章；然而，罪名也罢，勋章也罢，实在都难抵黄昏中红胸鸟的一声啭鸣。

所以，当木心说出"诚觉世事都可原谅"，他的敌人，纷纷仆地。

突然明白了雨果为什么说：最高贵的复仇是宽容。

——五月将尽。我的心壤之上，正有万亩花开。

她将芳心许了犬

看那个视频的时候，我暗自为那个李苑甄校长不值呢！

一个盘儿靓靓、条儿棒棒的港妹，吃哪碗饭不好，偏偏吃这碗饭——培训导盲犬。

我心中的港妹代表人物，是梅艳芳吧。摩登、香艳、魅惑、闪瞎眼；而这个李苑甄，彻底颠覆了我心中港妹的形象。

2019年，她放弃了美国、澳大利亚等地的导盲犬训练工作邀约，只身一人从香港来到广州，开始内地导盲犬训练的工作。

如果说我写《打一手春天》这篇文章时，对导盲犬的了解仅限于冰山那水面上的百分之三十，那么，李苑甄的演讲，则让我看到了冰山那水面下的百分之七十。

原来，培训一只导盲犬，是往犬的胸腔里，植入一颗神的心。

李苑甄带来了那么多令人瞠目结舌的"冷知识"啊——

——一只导盲犬得卖多少钱啊？

导盲犬不卖钱，免费送。

——导盲犬会咬人吗？

选择导盲犬是讲究"血统"的。自打"血统"合乎规格的某只

"优秀犬苗"一出生，就开始"定向培养"。那咬过人的狗狗会被淘汰掉，并且，连它们的后代都不得入选，因为"咬人是会遗传的"！世界上有一百多家导盲犬培训学校，没有发生过一起导盲犬咬人的事件。

——导盲犬挨揍了会是什么反应？

导盲犬从小感受到的都是人类的爱，它从没想过人类会伤害它，所以，你如果踢它一脚，它会以为你在跟它闹着玩。

——导盲犬和主人的关系会有多深？

广州一位导盲犬使用者在自己的导盲犬生病后，哭晕过去，醒来后，她对手术台上的导盲犬说：每一天都是你陪妈妈出门，每一天都是你陪妈妈上班，现在你把我抛下……说着又哭晕过去。

——培训导盲犬是一件很辛苦的事吧？

为了对视障人士的走路状况有更精准的把握，李苑甄居然要拿出一个多月的时间"装盲人"！她戴着眼罩，像一个全失明的人那样，坐公交，去餐厅，全程让导盲犬带着她走路。

——李苑甄校长眼中的导盲犬是怎样的一种存在？

是她的"榜样"！她说要向导盲犬学习，学习它的敬业，学习它的忠勇。

——李苑甄校长有什么烦恼呢？

直到今天，广州有许多公共场所都禁止训练人员带导盲犬踏入。他们的"实景教学"受到了限制。

——我国对导盲犬需求量大吗？

我国有1731万盲人，工作的导盲犬不到200条；在广州，工作的导盲犬仅有3条。

…………

李苑甄和她团队的努力正在一点一点启发社会对导盲犬的认知，让更多人接受导盲犬融入社会，也让视障人士得到更多人的理解与尊重。即使面临再多的困难，她都坚信："身处黑暗，心向光明，脚下有远方。"

如果说导盲犬的生命价值在于"倾我一生，做你的眼"，那么，李苑甄就是缔造这双眼的人。

这个港妹，陡然增加了香港在我心中的分量。

我对那个为她暗呼"不值"的自己说：真遗憾！你怎么可以读不懂李苑甄？

青春靓丽的她，硬是活成了一个邀请的姿势——邀请你澡雪精神、清净神志。

假如你读到这篇文章，碰巧又认识李苑甄，请转告她——有一个叫张丽钧的北方人，在朝着广州的方向鞠躬。

亲　爱

在上海地铁一个入口处，看到一则公益广告。画面极其简洁，满纸就是一个"親"字；左边那个"亲"是血红色的，热烈，抢眼；右边那个"見"却是渐变的淡灰色，墨色由上而下渐次变浅，到底部时，几乎浅到没有。匆遽的脚步不由得放慢了。心，被眼前这个诉说着渴望又诉说着无奈的繁体字弄得又酸又暖。我相信我读懂了这则公益广告，它在提醒匆匆路人，不要让那个"見"字慢慢剥蚀了颜色；真正的"亲"，一定要看重"见面"。"百回信到家，未当身一归"，贾岛一千多年前的劝诫，似乎特别适合用来赠予今天众多的"电话依赖症"患者。

我们学校每年招收台湾"新华爱心教育基金会"资助的"珍珠生"。每个"珍珠生"都会得到一件由基金会赠送的夹克衫，夹克衫前后都印有基金会的LOGO——一个心儿超过了身体宽度的"爱心人"。"爱心人"的"心"中装着一个"愛"字。在那个"愛"字中，有一个不能省略的"心"。每当我到"家庭特困、成绩特优"的"珍珠生"家中去家访，我都要忍不住提醒自己：我带来的，可是一个不能简写的"愛"？

——"亲"要见面。

——"爱"要用心。

半个多世纪前，我们为了书写的方便，把"親愛"简写成了"亲爱"。我们毫不惋惜地把"见"与"心"一并交付给了过往的风。我们来不及想，仓颉造字时，在"親愛"上倾注了怎样的深情；我们来不及想，在"親愛"中，隐藏着一句多么深挚的劝勉。

长亭，短亭。短亭，长亭。想我们那被山水阻隔的先祖，为了用行动书写好那个"親"字，"行行重行行"，在长亭、短亭的凄冷中，苦寻生命的暖意。被思念冰得痛了，就看一眼天上的月亮，揣想着那伊人也在此刻举头望月，两地的目光，便在月亮上幸福地交融。——"无见难为親"。他们心空回响的，可是这个近乎执拗的语句？

爱山，爱水。爱花，爱树。爱虫，爱鸟。我们的古人是多么善爱啊！早年无知，曾跟一位画家抱怨："古人作画的题材太雷同了，除了山水就是花鸟，还会画点别的不？"他一笑："山水花鸟里有爱，有志，有哲学。"当我能够从水墨丹青中读到"爱、志、哲学"，我着实为当年的自己脸红。——用敷衍潦草的"爱"去解读古人深微蕴藉的"愛"，注定徒留笑柄。我曾看到一个学生的一幅书法作品，写的是张养浩的一个名句——我爱山无价，居然是用简体字写的。我想，如果张养浩见了，一定免不了要摇头叹息的吧？"心"被剜走，"爱"就残了。

"亲"。这个称呼是被在互联网上兜售商品的人叫红的。这样的"亲"，不必见也不能见。你从手机短信或邮件里收到的那个"亲"，未必有多亲，它约略等于一个"哎"。

你一定见过电视上的"速成爱情"。待售商品般被展览着的，是供人挑选的"爱人"。一眨眼的工夫，一对人儿就给撮合到了一起。那"月上柳梢头，人约黄昏后"的爱情，在这些迷恋强光灯下择偶的

"潮人"面前显得太 OUT 了！——这样的"爱"，无"心"也罢。

——"親愛"。你还会写这两个繁体字吗？你能接收到它们身上那传递了数千载都难以被时光阻断的信息吗？让你的灵魂安静下来，让你的心眸慢慢张开，检索一下自己的"親"，盘点一下自己的"愛"。就算你多么熟稔地书写着"亲爱"，也一定要在心之一隅珍存着"親愛"。

等着我

这是一个高一女生交给我的作文,题目是《等着我》——

我蜷在床头,像个没活气儿的纸人。机械地摸到手机,拨打。刚按下4,手指就像被蜇般缩回。我撇掉手机,抱起那个开满红黄花朵的小被,一朵一朵地抚弄那花,仿佛要将它们抚醒。妈妈絮叨过多少遍:"这小被是我平生做的第一件棉活儿呢!引被子时,我的手被扎破了五次!"妈妈自怜又自得地朝我举起一个摊开的手掌,拨浪鼓般地摇。我撇撇嘴:"还说呢,笨死了!"妈妈是个老师,做被子自然是短板,但为了宝贝女儿,她毅然用惯拿粉笔的手抟起了钢针。犹记我小升初那年,我家搬家。门口堆了一堆旧家什。爸爸唤来收破烂儿的,连卖带送,把小半个家打发出去了。我回身瞥见那床小被,豪气冲天道:"把这个也拿走吧!"妈妈一听,惊得眼珠子都要滚出来了,劈手夺过小被,凶巴巴地对我说:"咋不把你老妈也卖了破烂儿呀!"

后来,我多次忆起这情景。我想,那小被上覆满了一个女人最初萌动的母性呢!还有,应是跟妈妈的身世有关吧。我有个暴戾的姥爷,最大爱好是往死里揍姥姥。妈妈七岁那年,被揍半死的姥姥悲愤离家,不知所终……有一回,妈妈看倪萍主持的《等着我》节目,看得大泪小泪，爸爸也跟着抹泪。我骑坐在妈妈腿上，用腮去拭她的泪，俯在她耳畔问："妈妈，你是想去寻我亲姥姥吗？"妈妈听罢，大放悲声。

一年前，妈妈被一纸诊断书击垮——胃癌晚期。多少次，我掐青了大腿，希望从噩梦中醒来。然而，噩梦却在日光下愈演愈烈。

弥留之际，妈妈抱着那床小被，将我唤至床前："宝贝，妈妈一直对你隐瞒了一件事——你不是妈妈亲生的。十五年前，妈妈从一个陌生人手里接过了你。你赤身裹了这床小被。十五年间，我拼死搂紧这床小被，不让它见天日。别怪我编造扎破手指的谎言诓你，我无非是想装得更像你亲妈。但我有时也会冒出一种戳心的念头——去《等着我》节目，朝全国观众抖开这床小被，为我的宝贝寻到亲妈……我就要走了，唯一的愿望就是，我走后，你打节目电话，带着小被去见倪萍阿姨。或许，那丢了小被的女人也一直在苦苦寻找这床小被呢……"

直到今天，我都不知该不该打这个电话。我想，假如我真的去了那个寻亲节目，我最想寻的，怕也是那个忒忑地紧紧搂了这小被十五年的女人吧？我会对她说："妈妈，等着我！来世，咱俩一定做亲母女。不过咱俩得倒过来，你做女儿，我做妈妈……"

我为此文打了满分，又兴奋地找到小作者，告诉她说，这篇小说深深打动了我。女孩闻声泪如雨下："老师，可惜它不是小说……"

可依靠的人

郭老师高烧不退。透视发现胸部有一个拳头大小的阴影，怀疑是肿瘤。

同事们纷纷去医院探视。回来的人说：有一个女的，叫王端，特地从北京赶到唐山来看郭老师，不知是郭老师的什么人。又有人说：那个叫王端的可真够意思，一天到晚守在郭老师的病床前，喂水喂药端便盆，看样子跟郭老师可不是一般关系呀。就这样，去医院探视的人几乎每天都会带来一些关于王端的花絮，不是说她头碰头给郭老师试体温，就是说她背着人默默流泪，更有人讲了一件令人不可思议的奇事，说郭老师和王端一人拿着一根筷子敲饭盒玩，王端敲几下，郭老师就敲几下，敲着敲着，两个人就神经兮兮地又哭又笑。心细的人还发现，对于王端和郭老师之间所发生的一切，郭老师爱人居然没有表现出一丝一毫的醋意。于是，就有人毫不掩饰地艳羡起郭老师的"齐人之福"来。

十几天后，郭老师的病确诊，肿瘤的说法被排除。不久，郭老师就喜气洋洋地回来上班了。

有人问起了王端的事。

郭老师说：王端是我以前的邻居。大地震的时候，王端被埋在了废墟下面，大块的楼板在上面一层层压着，王端在下面哭。邻居们找来木棒铁棍撬那楼板，可说什么也撬不动，就说等着用吊车吊吧。王端在下面哭得嗓子都哑了——她怕呀，她父母的尸体就在她的身边。天黑了，人们纷纷谣传大地要塌陷，于是就都抢着去占铁轨。只有我没动。我家就活着出来了我一个人，我把王端看成了可依靠的人，就像王端依靠我一样。我对着楼板的空隙冲下面喊：王端，天黑了，我在上面跟你做伴，你不要怕呀……现在，咱俩一人找一块砖头，你在下面敲，我在上面敲，你敲几下，我就敲几下——好，开始吧。她敲当当，我便也敲当当，她敲当当当，我便也敲当当当……渐渐地，下面的声音弱了，断了，我也迷迷瞪瞪地睡去。不知过了多长时间，下面的敲击声又突然响起，我慌忙捡起一块砖头，回应着那求救般的声音，王端颤颤地喊着我的名字，激动得哭起来。第二天，吊车来了，王端得救了——那一年，王端十一岁，我十九岁。

女同事们鼻子有些酸，男同事们一声不吭地抽烟。在这一份莹洁无瑕的生死情谊面前，人们为一粒打自己庸常的心空无端飘落下来的尘埃而感到汗颜，也就在这短短一瞬间，大家倏然明了：生活本身比所有挖空心思的浪漫揣想更迷人。

四 一号学生

通盘无妙手

第一次接触"运斤成风"这个成语,我惊呆了。一个人在鼻子上抹了一点白土,另一个人举起斧子朝那土砍去,结果,土被砍掉了,鼻子毫发无损——这个持斧人,有一双"鬼手"。

后来,我在书页上结识了一些被唤作"陈妙手""土妙手"的医者,也结识了一些被唤作"赵金手""李金手"的弈者。他们或有回春之力,或有回天之功,煞是惹人艳羡。

稍大一点的时候,我迷恋上了绣花。也曾在七夕虔心乞巧,祈求自己有一双"绣成安向春园里,引得黄莺下柳条"的巧手。

——鬼手、妙手、金手、巧手,都是芸芸众生求之不得的。我一度相信,这些手,都被上天深情吻过,指纹里藏着永不失落的好运。

我是从什么时候开始不再怀有被上天一吻手指的热望了呢?我说不清。总之是伴随着成长,我蜕壳般蜕掉了那些不切实际的幻想。

而真正让我放下对"妙手"执念的,则是读刘红女士的书《通盘无妙手》。

一个被生活虐待过也善待过的人,突然就对书中"善弈者通盘无妙手,善战者无赫赫之功,善医者无煌煌之名"心领神会了。

刘红女士是一位资深私募基金经理。我是因为购买她主持的基金而顺藤摸瓜读起她的书来的。

她深入分析了"小白"理财者普遍存在的投机心理——带着"玩玩"的心思购买基金，梦想撞到牛市，日进斗金，一夜暴富，于是一路追涨杀跌，最终难免血雨腥风；正确的理财路径是"做得大不如做得久"。投资，更多的是人性博弈，而"丰赡人生"除却躬行"点万两金、读万卷书、悟万条理、行万里路"，别无他途。

通盘无妙手，日进一点金。这显然是远远超越了投资范畴的人生忠告。

但是，在我们身边有太多"终南捷径"的信徒，这些人偏不信"通盘无妙手"的邪！他们不约而同患上了"一夜暴富臆想症""一战成名臆想症""一步登天臆想症"……他们不知道，"捷径"其实是离"劫境"最近的一个词，所有的耍心机、斗心眼、抖机灵、抄近道、欺大天、贪大功、撞大运、拜大神，都可能使自己坠入万劫不复的深渊。

怀一半匠心，怀一半诗心，立志做个"本手王"，那样，妙手或可偶得。

胡适在北大演讲时，曾睿智地将"福不唐捐"改为"功不唐捐"。是的，没有一点努力会白白丢掉。怕什么通盘无妙手？扎实走好人生路就是最高妙的"妙手"！

近年越来越喜欢布袋和尚的这首《插秧诗》了：

手把青秧插满田，低头便见水中天。
六根清净方为道，退步原来是向前。

——水中可觅天，退步是向前。唯有真正的"妙手"，方可将这人间满目青绿，一揽入怀……

把人当人，而非兔子

一个偶然的机会，遇到某大学招办负责人。

刚好，有亲戚的孩子今年考入了那所大学的化学专业，但他是"调剂生"，对化学专业毫无兴趣，一入学就萌生出转入计算机专业的想法——这孩子一向对计算机着迷。我抓住这个难得的机会，开始向招办主任咨询起转专业的事情来。

"难啊！"他说，"第一，他高考分数未达到当年计算机专业录取分数线；第二，他能保证大一基础课分数排名前百分之二十吗？第三，他属于跨学院转，成绩太差了，计算机学院不愿要，成绩太好了，化学学院不愿放。所以，你劝他干脆放弃这想法，化学专业也能出人才啊！"

我叹口气，自言自语道："那这孩子当定兔子了……"

我想起那个叫田贞见的大学生。

田贞见是个学霸，以全县第一名的成绩考入了武汉大学生物系遗传学专业。

上大学后，田贞见对科幻小说写作产生了浓厚兴趣。随着发表作品的增多，他萌生出转入中文系学习的想法。可这时候的田贞见，已经是即将升入大三的学生了。

显然，田贞见属于"跨大类转专业"，从理科转文科；另外，田贞见属于"高年级转专业"，大三转入中文系学习，学分恐怕都难修够。

但田贞见执拗得要命！

他居然直接给刘道玉校长写了一封信，在信中，他举了解剖兔子的例子。他写道："每当我用注射器给活蹦乱跳的兔子注射空气时，我觉得我就是那只挣扎的兔子！我不忍心面对兔子绝望的眼睛……恳求校长，不要让我做那只兔子，好吗？"

刘校长居然答应了这个学生的"无理要求"，批准他转入中文系学习。

后来，这个不甘做"兔子"的学生做了《少年文学报》主编，出版了多部文学专著，他，成了一个彻头彻尾的"文学人"。

回忆往事，田贞见感慨万端，他说："创造教育的一个重要特点，就是尊重学生志趣，兴趣是成才的重要动力和诱因，没有兴趣的学习是枯燥无味的，是被迫的，是痛苦的，因此是少有成效的。"

我那个想转专业的亲戚的孩子告诉我说，百度贴吧有个"转专业吧"，他是那里的常客，整天在上面跟选错专业的"难兄难弟"们交流。

我好奇地点进"转专业吧"，发现这里的高频词是"抑郁"。抑郁的孩子们抱团哭诉，控诉现学专业，心仪欲转专业。我在心里对这些苦命的孩子们说：唉，谁让你们没有福气遇上武汉大学的刘道玉校长呢？

"兔子大学生"遍地都是。

他们或错报志愿，或服从调剂，进了对他们而言是噩梦般的专业；而在另一个角落里，或许有人正做着转入这"噩梦"学习的美梦。谁来帮助这些跟专业"配错对"的孩子"交换场地"？这需要"心血成本"，更需要"顶级格局"。

我见过太多听了类似"化学专业也能出人才啊"的劝解就摁灭转专业心思的大学生。他们硬着头皮混到大学毕业，找了一份内心无比排斥的工作，一入职就开始"躺平"，将个人愿景设定为"退休"，就像田贞见笔下那只"注射了空气的兔子"，被彻底没收了蹦跶的心和蹦跶的力……

不给田贞见们转专业的机会，我们可以拿出上百个理由；而给田贞见们转专业的机会，一个理由就足够了。

——这个理由就是：把人当人，而非兔子！

惊 悚

惊悚的感觉，来自李娟拍的一张照片。

她拍了一种"工艺品羊"，而这只羊身上的"战袍"，是用羊拐骨做的！

整整齐齐，密密匝匝，挨挨挤挤。我替这只羊感到了沉重。

一只羊有几个羊拐骨呢？就这个问题，我特意请教了一位回民亲戚。他告诉我说，一只羊只有两个羊拐骨，在后腿上，前腿是没有羊拐骨的。

李娟问：得牺牲多少同胞，才能披上这身战袍啊？

仅仅面部，就挂着十几只羊呢！全身披挂的羊加起来，几百只是有的吧。

李娟说，因为披上了这件战袍，这只羊"不高兴"了。

但是，我以为，给它披上这战袍的人是高兴的。

这是何等惊世骇俗的创意呀！平庸之辈是无论如何都拿不出这等创意的。

看着这只被人强加了光荣的羊，我突然厌恶起岁月深处的一个小女孩来。

惊 悚

那个小女孩不是别人，是我。

那时，我也就十来岁的样子吧，我用一个漂亮的皮球从同伴手里换了一副（四个）羊拐骨。那时的我，根本不知道羊拐骨竟是羊的膝盖骨，以为它就是从商店里买来的跟皮球一样的玩具。

我们用羊拐骨玩一种"歘大把"的游戏。

我是"歘大把"的高手。

我不知道，我是在灵巧地歘着两只羊！心里，竟半点不惊悚、不硌硬。

我曾在冬夜里读李娟的《山羊会有的一生》，迷上了她笔下的那只浑身漆黑、油光闪亮的羊宝宝——它那么傻，不会应答妈妈的呼唤；它那么厌，在它身后大叫一声它就会吓得四蹄劈叉趴在地上；它那么美，用"浪漫的皮毛"照亮了矮小黯淡的母亲……它还没来得及经历冬天，就被斯马胡力的宰羊刀相中，转瞬成了他们口中的美味。

冬夜里，我为那只漂亮的小黑羊悲伤不已……

它的羊拐骨，一定是小巧精致的吧。

李娟说，每一只羊，"最终都将因我们而死"。

当它们成为我们口中的美味，我们评价它们的语言就只剩下了膻或不膻，嫩或不嫩。

那年见到杨瑞霞，我说："你的《一只羊其实怎样》怎么可以写得那么好？！我曾用那篇文章出过阅读题……"因为心里装着一只古灵精怪的羊，杨瑞霞才会说："如果有一天，我碰到一只羊，它非常体面地走过来，用流利的汉语或者英语同我打招呼，我会很自然地同它交谈，而且一点都不会觉得奇怪。"

"北京的羊肉铺前常有几个人张着嘴看剥羊，仿佛颇愉快；人的牺牲能给予他们的益处，也不过如此。"这闪着寒光的文字，是鲁迅写的。好一个"张着嘴看剥羊"，何其沉迷！何其忘我！何其暗爽！

我的迅哥，你还能写得更传神些吗？

唉，"张着嘴看剥羊，仿佛颇愉快"的人，结局又能比羊强多少呢？羊啊，硬是活成了一种隐喻……

作为含着屠刀出生的一种生灵，羊的一生如此悲凄。当我们看到羊拐骨玩具和羊拐骨战袍，不要无感，好不好？头皮发麻一下，心中惊悸一下，好不好？

骚魂不散

马英九自称是从《诗经》中走出来的。

论者多以狂热的女学生央其在薄衫上签名而小马哥"悬腕而书"一事为佐证,标榜其坐怀不乱。

我问自己,我也是从《诗经》中走出来的吗?一度回答"是"。但慢慢地,我干掉了那个说"是"的自己。

我不是。

如果一定要仿造一个马英九那样的句子,我会说,我是从《离骚》中走出来的。

在大学的课堂上,纵然学了《离骚》,也无感。

真正让我对《离骚》感兴趣的,是我的现代文学老师从药汀先生。从先生可以大段大段背诵屈原的作品,他将自己研究《离骚》的专著《屈原赋辨译(离骚卷)》作为生日礼物,送给了我。

感谢从先生"目光的第二次给予",他让屈原真正走进了我的生命。那个忧国忧民、忧时忧世、恋香草、恋美人的瘦长身影,从此在我的生命里生了根。

当遇到兰菊花开,我会在心里欣然道:朝饮木兰之坠露兮,夕餐秋菊之落英。

当遇到马匹饮水,我会在心里悄然道:饮余马于咸池兮,总余辔乎扶桑。

当遇到嫉恨与碾压,我会在心里怫然道:众女嫉余之蛾眉兮,谣诼谓余以善淫。

当遇到背弃与辜负,我会在心里怃然道:兰芷变而不芳兮,荃蕙化而为茅。

……

很奇怪自己竟深度依赖上了"离骚表达"。一度,离了《离骚》,我就不会说话了。

记忆库中与《离骚》有关的、最令我震惊的一件事,发生在一个穷得叮当响的小镇上。

那是十几年前的事了。我们去大山深处会晤梨花,同游的一个朋友联系了当地的镇长,镇长执意邀请我们去他家吃农家饭。

乍暖还寒,屋外温度比屋内高,于是,我们索性就将餐桌移到了阳光明媚的院子里。说到山里人的生活状况,镇长吐出了一大串让人唏嘘不已的数字,末了,土土的他叹口气道:"长太息以掩涕兮,哀民生之多艰。"

正在咀嚼野菜的我,登时石化了——我万万没想到,屈原的句子,居然能在这个偏僻的农家小院里,青枝绿叶地活着。

"离骚",我不喜欢班固把这两个字解释成"遭遇忧愁",我喜欢钱锺书的这个解释——

"'离骚'一词,有类人名之'弃疾''去病'或诗题之'遣愁''送穷',盖'离'者,分阔之谓,欲摆脱忧愁而遁避之,与'愁'告别,非因'别'生'愁'。"

——离骚,就是"作别忧愁"。

这一诠释，深得我意。

"千古忠贞千古仰，一生清醒一生忧。"那个梦想"作别忧愁"的人啊，你又被那热恋着你的忧愁如愿以偿地攥上了吗？

两千多年，你"骚魂"不散。

你活得那么郁闷，死得那么郁闷，连个赞歌都不会唱，可为什么，我总妄想隔空握住你的手呢？

蛾眉美目远去了，露申辛夷远去了。我们还在这样的世上活着。当我们和泪吟出"已矣哉"，我们不妨给忧悒的自己一个温柔的"蝴蝶拍"，然后，学了那钱锺书的语气，半是自欺半自赎地说——

离骚，离骚，离了个骚……

门的悬念

学校大厅的门被踢破了。

——可怜的门,自打安上那天起,几乎就没有一天不挨踢。十五六岁的少年,正是撒欢儿尥蹶子的年龄。用脚开门,用脚关门,早成了不足为奇的大众行为。学校教导员为此伤透了脑筋,他曾在门上张贴过五花八门的警示语,什么"足下留情""我是门,我也怕痛",诸如此类,不一而足。可是,过不了几天,少年们就用图案各异的履底,把那一条条妙语阅读得面目全非。

今天,大厅的门终于被踢破了。教导员找到校长,提议说,该把那门换换了,这一回呀,可千万不能再安装木门啦!干脆,换成大铁门——他们脚上不是长着牙吗?那就让他们去"啃"那铁家伙吧!

校长笑了,说,放心吧,我已经定做了最坚固的门。

很快,旧门被拆下来,新门被装上去。

新装的大门似乎挺带"人缘",装上以后居然没有挨过一次踢。孩子们走到门口,总是不由自主地放慢脚步。每一双手在抬起的时候,都悄悄拿掉了重量。阳光随着门扉旋转,灿灿的金子洒了少年一身一脸。穿越的时刻,少年的心感到了爱与被爱的欣幸。

这道门怎能不坚固——它捧出一份足金的信任,它把一个易碎的梦大胆交到孩子们手中,让他们在美丽的忧惧中学会了珍惜与呵护。

——这是一道玻璃门。

分享生命

我喜欢这样一个故事：

有个登山者在山中遇到了暴风雪，因而迷了路。这场暴风雪是他始料未及的，他的御寒装备不足。他明白如果不尽快找到避寒处，就非被冻死不可。风雪扑打着他撕咬着他，他汗湿的手套早已成了两块冰坨子。他走啊走啊，不敢停歇下来；但即便如此，他的四肢还是被冻得麻痹了。他抬着越来越沉重的双腿，绝望地想：不多了，上帝给我的时间已经不多了。就在这个时候，他的脚踢到了一样硬邦邦的东西，低头仔细看看，居然是一个人！原来这不幸的人已快冻僵了，倒在地上，不能动弹。登山者停了下来，发现自己面临一个困难的选择：是继续赶路设法拯救自己，还是留下来设法拯救这个生命垂危的陌路人？短短一瞬间，他就下定了决心。只见他毅然在那垂危者的身边跪下，甩掉手套，开始按摩他的双手和双腿。没过多久，那人的血脉就流通了；而登山者在助人的过程中也不期然地暖透了自己的双手乃至身心。最后，这两个人互相扶持着，拖曳着，终于走出了风雪肆虐的大山……

后来，一位哲人听到了这故事，他沉吟了许久，然后说：当你觉得难以自给自足的时候，就把你拥有的分一些给他人吧，这样你就会知道，自己原来多么富有。

请永葆你的"二"

排队等付款的时候，见前面两个年轻女子聊得挺欢。

一女子问："孩子送幼儿园了？"

另一女子答："我们上小学一年级啦！"

"这么快？！是上的T小学吗？"

"是啊！跟你家宝贝上的同一个学校。"

"那学校环境倒是不错，就是师资参差不齐。班主任是谁呀？"

"佳佳老师。"

"啊？！就是那个个子矮矮的、说南方普通话的佳佳老师吗？"

"对呀！就是她！"

"都说她有点儿……二。"

"是啊！特别愁人！这不，十一小长假布置作业，人家别的老师都是让孩子做语数英作业，她可好，留的作业竟然是让孩子每天轮流亲家人一遍，观察家人被亲时的表现；还要每天晒两个钟头太阳，阴天的话，就等晴天了加晒一个钟头；不光晒太阳，还要观察落叶，返校时每人至少交十片落叶……你说这不神经病吗！时间长了，孩子成绩还能要啊？"

"赶紧找找人，给孩子转班吧！"

"别——"我在心里高呼。

这个佳佳老师，刚好是我欣赏的那一款呢！

十一小长假，那么多人爆料称，孩子写作业写哭了；我也曾亲见一个叫航航的小学三年级学生写的作业，语文，让孩子说出"山坡上的花在欢笑"为什么说"欢笑"而不说"微笑""大笑"……诸如此类的"找碴题"，搞得孩子晕头转向，真的不如亲家人、晒太阳、捡树叶更有意义呢！

诺贝尔奖得主中村修二认为"东亚教育浪费了太多生命"，他说："家长让孩子从小沉浸在补习班和题海里，希望能先去抢到眼前看起来很稀缺的学校资源，也许从长远来看，就反而浪费了孩子最大的资源——有无限可能性的少年时光和天生的好奇心。"

在我看来，那个佳佳老师就是来保护孩子的"最大资源"的。她通过善的教育（亲家人）、健的教育（晒太阳）、美的教育（捡树叶），为孩子的小长假注入了可供回忆一生的珍贵因了，她力图将孩子培养成一个有爱、有力、有趣的人。可以说，佳佳老师关照的是孩子的"远期收获"，这比抢得眼下的十分八分重要得多；另外，返校之后她一定要"收作业"的吧？孩子们分享"亲家人、晒太阳、捡树叶"的过程，不就是最好的"口头作文"吗？

我愿让自己的孩子遇到"佳佳老师"！

我愿佳佳老师永葆她的"二"！

你休想养熟一只麻雀

雨后,孩子和小伙伴去山林玩耍,带回来一只湿漉漉的小麻雀。

"它半飞不飞的,我一下就捉住它了!"孩子眼里闪着兴奋的光。

那是一只羽翼甫丰的小麻雀,大概还在练飞阶段吧,这场雨,令它原本就稚拙的飞翔显得愈发力不从心,所以,它只能"半飞不飞",听任孩子擒拿。

"我想养熟它,让它做我的宠物,我写作业的时候,它就落在我的肩膀上睡觉——就像电视里看过的鹦鹉那样。"孩子边抚摸他手里的小麻雀边说。

我说:"可是,它不会吃任何东西的。"

孩子不信,把他的小蛋糕举到小麻雀嘴边说:"吃吧,巧克力味儿的,特别好吃!"

小麻雀不为所动。

孩子又抓了一把炒米,带着央求的语气说:"这个你怎么也得吃点儿吧?烤牛肉味儿的,我最爱吃了!快吃吧,不然你会饿死的!"

小麻雀依然不为所动。

孩子急了,说:"能不能掰开它的嘴喂它呢?"

说着，他果真掰开了小麻雀的嘴。我注意到小麻雀嘴角还有一点点不及褪尽的黄色，这是它未到"成鸟"的明证。

两粒炒米被强行塞进小麻雀嘴里，但很快就被它吐了出来。它的小脑袋左一抖、右一抖，仿佛在决绝地摇头。

我对孩子说："我给你讲一个我姥姥讲给我听的故事吧。她说，有一个人，捉了一只小麻雀，跟你一样，他也想养熟它。可是，小麻雀死活不吃食儿。很快，那个人注意到有一只大麻雀一直在他家院子里喳喳怪叫。那人想，咦，那只大麻雀会不会是这只小麻雀的妈妈呢？干脆把小麻雀装进笼子，把笼子挂到院子里，让鸟妈妈来给小麻雀喂食吧！他就这么干了。他躲在屋里，等着大麻雀飞来。过了一会儿，大麻雀真的飞来了，嘴里还衔着一条虫子！只见它径直飞到鸟笼旁，嘴对嘴地把虫子喂给了小麻雀……"

孩子听到这里，不由得鼓掌欢呼："太好了太好了！小麻雀得救了！"

我说："你接着往下听。大麻雀飞走后，那人去看小麻雀，结果，他惊讶地发现，小麻雀死了！原来，麻雀妈妈不忍心看孩子一辈子做囚徒，也不忍心看孩子承受慢慢饿死的痛苦，它用一只毒虫毒死了自己的孩子。"

孩子听到这里惊叫起来："这个妈妈好狠毒啊！"

我说："可是，你知道吗，这个故事很快流传开去，许多人因为知道了麻雀爱自由胜过爱生命的刚烈秉性，便不再试图囚禁它们了。你看，那个麻雀妈妈是不是救了天底下千千万万的麻雀？"

孩子若有所悟地点点头说："嗯，那个麻雀妈妈太了不起了，它连我捉的这只麻雀也一起救了呀！天晴后，我要把这只麻雀放归山林。"

大道上落满如玉的花瓣

2019年春,我终于有机会将自己送到了樱花如雪的武汉大学。走在如梦如幻的"樱花大道",我一直在想:这是路石校长的学校啊!它这么美!

作为20世纪80年代的中文系大学生,谁不知道武汉大学喻杉同学的小说《女大学生宿舍》呢?小说通过辛甘的"告状",将平易近人又锐意改革的校长路石推到了读者面前。

当我知道"路石"的原型乃刘道玉时,我已入职多年。

我心里有太多的惊讶,为什么武汉大学中文系在80年代涌现出了那么多人才?除了我眼中璀璨的"大女生"喻杉,还有名噪一时的高伐林,以及池莉、邱华栋、易中天、洪烛、野夫……今天看来,当是因为刘道玉校长笃信并践行的"自由是教育的灵魂"润泽了这块开花的土地,那些自由的精灵,想不脱颖而出都不可能。

这个校长开明到令人不可思议!如果说今天我们有太多校长都以抛出各种"不准"为能事,那么,刘道玉校长则恰好活在他们的反面。

你看吧,他推出了这么多"允许":允许学生不上课,允许学生自由选专业,允许学生跳级,允许学生留长发,允许学生穿喇叭裤,允许学生跳交谊舞,允许学生谈恋爱,允许学生彻夜不关灯……

"道玉",就是学生成长道路上的"玉成者"呀!

作为喻杉的同龄人,当年看她小说写到女生大大方方向男生表白,感觉有些不真实。后来读刘道玉校长的专著《论爱的教育》,才偷笑着告诉当年的自己:你都土死了!有一个盛情邀请恋人们到自己家中"喝咖啡"的校长,女生凭什么不可以欢天喜地倒追男生啊?

何止是请恋人们喝咖啡,刘校长对失恋者那才叫宠翻天呢!

1981年,学校选拔了十三名留美预备生,准备赴美学习。其中一名学霸想在出国前解决个人问题,便向意中人表白了,结果遭到了对方"有礼貌的拒绝"。这位学霸感觉无地自容、生无可恋,便在宿舍桌子上留了一张纸条,上书"我寻长江而去,请不要找我",便郁郁出走了。

学校方面急坏了!连忙查档案,找到该生家庭和亲属地址,派人分头去找,终于在该生大连姑妈家找到了他,并劝他回到了学校。

刘校长被摆在了这样一个难题面前:如何处置这个目无校纪且让学校无端付出人力、财力成本的学生?

刘校长思虑再三,做出"三不"处理决定:不传播,不上报,不影响出国。

后来,这个学霸顺利进入哈佛大学,再后来,他作为卓越"海归"人才,成为杭州某信息公司"首席科学家"。

事过三十三年后,功成名就的学生深情地对刘校长说:"校长,如果不是您当年的开明态度,我真不知道今天会是什么样子。回首往事,我非常感谢校长对我的保护!"

雍容大度的刘道玉校长将"慈宠"制成了最贴心的礼物,送到他挚爱的校园的边边角角。冒失告状的辛甘被这慈宠照耀过,离校出走的学霸被这慈宠照耀过,高伐林、易中天们被这慈宠照耀过。

大道上落满如玉的花瓣,走在这"樱花大道"的人,有福了。

先干该干的，后干想干的

昨晚八时许，退休的老同事打来电话，说她的孙子上小学四年级了，每天放学回到家，把书包一扔，就开始意兴盎然地玩游戏，连饭都不好好吃。为此，她和孩子的爸爸妈妈对孩子软硬兼施，但都无济于事。她让我帮忙开个"药方"。

我问她："你儿子儿媳下班后干什么？"

她说："他俩工作特别累，回到家都快散架了，啥都干不动了……"

我不依不饶地追问："此刻他俩在干什么？"

她压低声音说："儿媳妇忙着网购呢，儿子看电视呢，孙子还在玩游戏，得玩到九点左右才肯写作业……"

我说："我明白了，你们家那三个人此刻都在干一件事——'想干的事'。我呢，真的也没啥好建议，只希望你去找一张大纸，在上面写上这十个字：先干该干的，后干想干的。写好了，贴在你家最显眼的地方，全家人共同遵守，谁违规，就罚谁洗碗一周。哈哈！"

她听了将信将疑地说："那我试试吧。"

我猜，她试也不大可能成功，因为，她狠不下心让儿子、孙子刷碗。所以，在他们家，先干想干的，后干或不干该干的，依然会大行其道。

我认识一个"只干想干的"的狂徒，理性全无地由着性子干想干的事——打牌！我送他的昵称是"54号文件控"。

有一回，这厮在上班时间公然组织牌局，反锁了办公室的门跟同事们打牌，不想被领导听到了风声，疯狂敲门，门内人闻声丧胆，大气儿不敢出；领导遂喊来几条壮汉，一二三，撞开门，门内人顿时屁滚尿流，魂飞魄散……

后来，这厮身体出了故障，病休了，天天到凤凰山公园打牌。下雨天，我亲见他和众牌友一人顶着一块破塑料布，牌甩得震山响，嗨翻天。

在许多人那里，想干的事都有一个共同特征——"短半衰期快乐"。游戏，吞进去的是时间，吐出来的是空虚。就算快乐的泡沫能瞬间反射五彩的光芒，但破灭，注定是它唯一的下场。

我早年教过的一个学生，步我的后尘，读了师范，教了语文。

最近见面，她惊异地问我："老师，你教我们那会儿，当班主任，教两个班的语文课，孩子那么小，全靠你一个人带，可是，你一直在发表文章，你哪来的时间写作呀？"

我说："我把事情分成两类：一类是该干的，一类是想干的；最难得的是，这两种事情的高度重合，也就是说，该干的事，恰好就是想干的事！写作，对我而言，就是这样一件妙事啊！你想，在这件妙事面前，我怎么能好意思没时间呢？"

说起来，上天给了每个人足够多的圆梦时间，但是，这时间被太多的鲸和蚕觊觎——鲸要吞它，蚕要食它，当我们拿着鲸和蚕吃剩下的时间去兑换梦想，却不幸被告知我们买不起了，这，是多少人身上上演的相似悲剧？

我想，在"该干的事"与"想干的事"未能重合的时候，将它们分出先后是靠谱人士的靠谱做法。在一个家庭中，大人先要"打样儿"，不要被"想干的事"劫掠了去，只有大人率先生出"定力"，孩子方可能生出"定力"。

梁实秋在其散文《麻将》中为同胞们生动画像："一个中国人，闷得发慌。两个中国人，就好商量。三个中国人，做不成事。四个中国人，麻将一场。"八十多年过去了，这样的同胞依然大有人在。试想，如果屋檐下有一个这样的"游戏瘾君子"，小孩子耳濡目染，其"游戏童子功"怎会不傲煞群伦？

人人都有隐忧，游戏可以忘忧，但，游戏的忘忧太短暂，短暂到几乎与游戏本身同步，所以，我们几乎听不到有人会在公开场合恬不知耻地吹嘘："去年的今天，我创造了连赢十把牌的骄人纪录！"然而，我们会听到有人说：去年的今天，我拿下了教师资格证（或律师资格证、医师资格证、导游资格证、会计师资格证、催乳师资格证……）。后者的快乐，不会像泡沫那样轻易破灭，它属于"长半衰期快乐"。

先干该干的，后干想干的。

亲，你是否愿意把这十个字视为你家的"家庭第一律"？你可愿意将它郑重写出，贴在你家最显眼的地方？

在刹那中培植一个千年

参加一个活动,被安排与一位陌生的女子同居一室。她比我早到一步。我拉着箱子进屋时,她正低头忙活。遽然回头瞥见我,夸张地以手抚心道:"吓死我了!"我赶忙赔礼道歉。她说:"不怪你!不怪你!是我自己做贼心虚!——你看,这花,是我刚从走廊的插花瓶里偷来的!"说完哈哈大笑。我这才注意到,她正在往玻璃杯里插一枝黄玫瑰。此后的三天,被这枝美丽芬芳的黄玫瑰照耀着,我俩拿出与之比美的劲头,起劲地工作,起劲地梳妆。我可爱的同屋,更是用一包湿巾,反复擦拭那已经被服务员擦拭得锃亮的几案、椅背、镜框、窗台。"她们的抹布未必干净呢!"她边擦边说。瞧她那一丝不苟的样子,仿佛是要在此屋长住下去……打那儿以后再住宾馆,不论是单住还是与人同住,我都不敢再乱扔衣物、乱堆寝具,我将房间收拾得整整齐齐,仿佛是要在此屋长住下去。

我家有一间小小的"山景房",极其用心地装修了一番,打算每年暑期去那里度假。结果,我家老徐不忍看那房闲置,擅自将它租出去了。我心疼得不行,跟老徐说:"我当年嫁给你都没住上新房,好不容易有了间新房,你居然不舍得给我住,拿它换了银子!好歹毒！"……两年后，租期到了，我们去收房。我的个天哪！那新房早已被住得没了模样——复合地板上有几处扎眼的划痕，划痕里沉积着污物；沙发靠背上落满了尘土，尘土上的手印历历可数；浴室的瓷砖掉了一大片，破碎的瓷砖胡乱堆放在地上；阳台窗户的玻璃仿佛被子弹击中，辐射状的裂痕触目惊心；最令人不可思议的是，灯开关按钮的四周全是厚厚的黑泥！我一忍再忍，才将那句"你们天天竟是拿烤肉按开关吗"的问话强咽了回去。

同样是"短期居住"，居住者的心态为何有着如此巨大的差异？一个是"积极建设"的心态，一个是"消极破坏"的心态；一个试图将一天住出一年的诗意，一个却将一年住出了一天的苟且。

——"租房心态"，这是我在一本企管书上读到的一个词语。作者说，有些员工，就算在一个单位获取了"编制"，站稳了脚跟，也会在心中将自我设定成"租户"——这里的一切都不与我的生命发生深切的关联，我只是暂时"借居"于此，因而，"短期行为"永远是我的第一选择。就像那个"拿烤肉按开关"的奇葩租户，他以为珍惜是反常的，不珍惜才是正常的。"随时离开"的想法，不由分说地攫住了他的心，于是，他便将在这借居之所付出劳动视为不值甚或可耻。由奴性催生的惰性，由惰性催生的狼性，便在这个人身上肆无忌惮地彰显出来。

《借我一生》，是余秋雨一本书的名字。说到底，哪个人的一生不是"借"来的呢？包括我们的家、我们的单位、我们租住的房屋、我们客居的旅社……这一切的一切，无不是"借"来的，它们不可能恒久地属于我们，就像流星必然的滑落，我们与我们挚爱的一切，深藏了一场场必然的告别。然而，这不应该成为我们苟且的理由。傻瓜才会拿着无数光鲜的日子去为最后那个灰色的日子殉葬；并且，我的经验告诉我，不屑安妥一天的人，往往无能安妥一生。一旦我们不幸生出了"租房心态",一个可怕的咒语便随之响起——恨出恨进,怨往怨来。你恼怒着打烂了器物,裂痕,终会爬进你的生命里。

罗曼·罗兰说:"这世上只有一种英雄主义,那就是在看透了生活的本质之后,依然热爱生活。"明知道迟早要离开,依然爱得如痴如醉,在刹那中培植一个千年,于瞬间里安放一个永恒——这,难道不应该成为你我的第一等修炼?

下雨了，请千万别来为我送伞

下雨了。我站在四层教学楼窗前，俯视校门口越聚越多的前来为孩子送伞的家长。

很自然地，我想起了高三（10）班杨蒙同学的那首诗。

在这栋楼里，几乎人人都知道这首诗，因为我曾为这首诗搞过一个面向全校学生的讲座。从举办讲座的那天下午开始，大家都知道了杨蒙，知道了他的《下雨了，请千万别来为我送伞》——

  响雷在天空里炸开
  这雨终究是来了
  母亲
  你是否回去了，回家了
  将这雨躲过了
  要是你没有躲过
  就让这雨把你错过
  等我回去时，回家时
  再加倍地偿还于我

> 下雨了，请千万别来为我送伞，好吗
> 淋了我，是痛在外面的
> 淋了你，是痛在我心里的
> 知道吗

我总忍不住地想，在杨蒙没有为我们撑开他的"人性的伞"之前，这栋楼里该有多少孩子心儿淋着雨却浑然不觉？

回家的路上，几乎人人都拥有了自己的雨具，他们将这雨中飞来的伞视作永不失信的候鸟——如期到了，他们不会笑一笑；偶尔迟了，他们的脸比天还阴郁。

在这些不懂得感恩的孩子的旁侧，我发现了卓立的杨蒙，发现了这个"抢先"为猝不及防地遭遇了暴雨的母亲而无比担忧的孩子。

他居然天真地希望他惦念的母亲是在暴雨的夹缝中踩着一条干路回家的！他居然祈求上天把那没有舍得泼到家人身上的雨"加倍"地偿还到自己的头上！我多么喜欢分享这个怀揣着细腻温暖的心事而甘愿承受暴雨鞭打的男孩的由衷快乐！我有理由相信，即便他浑身湿透，他也有办法不让自己的爱受潮。下雨了，那些惦念着自己孩子的家长不是不可以来学校为孩子送伞，但是，比"身体不淋雨"更重要的事情一定还有吧？如果不明白这一点，我们的伞将漏进致命的雨点，伞下的我们将被浇得透心凉。

——在雨帘中，在雨丝里，我希望打这栋教学楼里走出去的孩子都在内心默诵着杨蒙的诗，有伞有感动，无伞无忧伤，昂着头，走在人性至美的风景里。

"妈妈，我们老师笨死了！"

寒假期间，有个远房侄女焦灼地找到我，求我帮她女儿图图走后门转学。

我问她为什么转学。她带着哭腔对我说："图图没法儿在班里待下去了……"

原来，图图升小学五年级时，换了个班主任。班主任教英语，恰好图图妈妈也教英语。图图回家后告诉妈妈说：妈妈，我们老师笨死了！满口"马家沟英语"！于是，教初中的图图妈妈便不断地帮助女儿纠正发音。后来，她索性自告奋勇地帮那个讲"马家沟英语"的班主任录了一套课外英语读物——要知道，图图妈妈的口语，在学校可是一级棒呢！

图图妈妈让女儿把 U 盘带给了班主任，还郑重地附了一封信，表示身为同行，她愿意与那位老师携手共进。想不到，自从图图妈妈对班主任老师"示好"之后，图图的厄运就开始了——班主任让同学按座次回答问题，轮到图图时，班主任就叫停；图图上课时把手臂举得老高，老师就跟没看见一样；最令人气恼的是，放假前图图问了老师一个问题，老师居然说："我回答不了你的问题，你回家问你妈妈去吧！"

听了侄女的叙述，我笑着对她说："看得出来，这个老师，自尊到了不可理喻。我要是她，就会欢天喜地地请你当我们班的特聘英语辅导员！可惜她不是我。她被你戳到了痛处，却又不能找你去泄愤，只好把图图当成了发泄的对象。你考虑过她的感受吗？她每天辛辛苦苦工作，可眼皮子底下就有一个时刻瞪着眼睛挑她毛病的人。并且，在她看来，图图绝不是一个人在战斗，你是图图未出场的战友啊！你们娘儿俩联手，把这个可怜的小学英语教师打了个落花流水。"

我把国际教育大师多湖辉讲的一个故事讲给了侄女听——

一位植物学家的儿子拿着一株不知名的小草去请教老师，但老师不认识。于是，老师和颜悦色地对孩子说："你父亲是一位著名的植物学家，不妨去问问他吧！老师也想知道小草的名称呢。"

第二天，孩子又来找老师，说："爸爸说了，他也不知道小草的名称。他还说，老师您一定知道的，只是您一时忘了。"

说完，孩子顺手把爸爸写的一封信交给了老师。

老师打开信，上面详细写明了小草的名称和习性。最后还附了一句话："希望这个问题由老师亲口告诉孩子，这样更为妥当。"

你看，这位家长多么高明！他不惜降低自己的身份来捍卫老师的尊严，他巧妙地帮助老师塑造起了在孩子心中的高大形象。其实，这位家长也是在聪明地帮助自家的孩子呢！"亲其师，信其道"，孩子崇拜自己的老师，孩子就能从老师那里收获老师的"全部能量+"。

最后我对侄女说："你不妨拿自己与这位生物学家家长做一下比对。你先打倒了图图的英语老师，继而又伤害了图图——图图每天在课堂上受到的冷遇，不都是你亲手送给她的吗？当然，图图的老师也应该拿自己与虚心承认自己说不出小草名称的老师做一下比对，显然，图图的老师输了胸襟也输了品德。最后，我们来看这两个事件的核心人物——图图和那位植物学家的孩子。图图因为妈妈太能干，所以在学校里度日如年；而植物学家的孩子因为爸爸太能干，所以在学校里大受欢迎。能干不是错，但用能干去鄙薄甚或挑衅他人，就出了大问题。"

　　家长与老师可以是——敌我关系、雇佣关系、契约关系、盟友关系。选择了敌我关系，孩子就充当了炮灰；选择了雇佣关系，孩子就沦为了消极服务对象；选择了契约关系，孩子就成了冷冰冰条款上一个冷冰冰的存在；唯有选择了盟友关系，方能形成老师、家长、孩子三方皆赢的大好局面。

一号学生

我在晋州讲课时，提到每个教师都要尽全力带好自己的"一号学生"："你别指望把这个学生推给他人，在你众多学生当中，他永远排在一号的位置。你要理直气壮地将全部的智与爱施与这个孩子，让他成为你这个当老师的献给你的家族乃至国家的一份情深意长的厚礼……"——我所说的这个"一号学生"，指的是老师自家的孩子。

曾几何时，我们标榜过教师牺牲自家的孩子，成全别家的孩子，以为这种取舍里彰显的是一种伟大的利他精神。其实，这种标榜本身就是伪人道甚或不人道的。试想，教师的孩子，不也是同行班内的一名学生吗？你帮助同行带好这名学生，不也是一种利他行为吗？相反，如果你听任自家的孩子沦为一个"问题学生"，让这孩子的老师不胜其烦，你不认为这是一种失职甚或犯罪吗？

我曾经说过，如果一个农民扬言：别看我没能耐种好自家的责任田，但是我有能耐种好别人家的责任田！你不觉得这是一句可笑的谎言吗？所以，当一个教师说出类似的话语或生出类似的想法时，他应该感到羞愧。

二十多年前，我所在的学校有一位老师的儿子锒铛入狱，自此，该教师变成了"苦面人"……不是说老师的孩子就应该与监狱绝缘，我的痛苦在于，一个将教人向上、向好当成了自己职业的人，却不幸培养出了一个"反例"，这个令人椎心泣血的"差评"，不由分说地将其职业尊严彻底打翻。每当看到他讲课，我都会心惊肉跳地跟自己说：他的学生，可千万不要知道那件事啊……

我总是不能自已地对教师子女"另眼相看"。我曾经做过一个课题——《城市教师子女成才研究》。在做调查的过程中，有的老师向我诉苦：我们教育自家孩子，就是个"灯下黑"呀！我开玩笑说：打灯笼才会"灯下黑"，你换成无影灯，灯下怎么还会黑呢？——是呢，"灯下黑"不过是我们知难而退的一个借口，笃信"灯下黑"的人，灯下往往真的会黑起来。

在我看来，中国最容易演绎"亲子之痛"的有三类母亲——当官员的母亲，当医生的母亲，当教师的母亲。这三类人，习惯了居高临下、颐指气使，搞不好就会把自家的孩子误当成下属、病员、学生。孩子如果欣然接受母亲的这种职业习惯，他就容易滋生奴性；孩子如果断然反抗母亲这种职业习惯，他又容易滋生叛逆性。解决这个问题的方案似乎只剩下了一个，那就是，母亲主动改变自己。当我们叹息教师教育子女"灯下黑"的时候，我们是不是应该静心审视一下自我——我，是一个"倨傲症"患者吗？如果是，那就从改变自己这个"光源"做起吧。

我家的"一号学生"一直是我的骄傲。我的"一号学生"曾经在我供职的学校读书，但是，我从来不帮他到教师窗口打饭、不为他选班选桌、不给他争取"三好生"名额；不过，我每晚陪他学习，为他推荐读物，帮他解决班级难题。我家的"一号学生"在英国获得博士学位后，放弃剑桥优厚的工作待遇，毅然回国，现持有一百多项个人专利，是单位倚重的核心技术人才。2016年"国际家庭日"，我的家庭光荣当选"全国最美家庭"。在被问及我家的"突出事迹"时,我开心地说:我家成员做加法,最终得数比较高。

为了帮助学校的老师们带好自家的"一号学生",我们深情启动了"向阳花木易为春"计划,多次延请国内顶尖家庭教育专家来校讲学,组织"凤辩"家庭教育论坛,邀请教师子女来校参加活动,为散布在各学校的不同学段的教师子女提供"精品课"……既然我不希望自己的幸福是"顾此失彼"的幸福,那么,我就应该竭力将一份"完整的幸福"送到亲爱的同仁手中。

——天下教师,你的"一号学生"还好吗?想想看,如果我们将全国"一号学生"的"好"做一下加法,这个国家所收获的,是不是一种最厚重、最堪慰人心的荣光?

创造月亮

唐传奇当中，有这么三个小故事，叫作《纸月》《取月》《留月》。"纸月"的故事是讲有一个人，能够剪个纸的月亮照明；"取月"是说另一个人，能够把月亮拿下来放在自己怀里，没有月亮的时候照照；至于"留月"，是说第三个人，他把月亮放在自己的篮子里边，黑天的时候拿出来照照。

我被这样的故事折服了。

自然惊叹古人想得奇，想得妙，将一个围绕地球运行的冷冰冰的卫星想成了自我的襟袖之物；更加慨叹那不知名的作者"创造月亮"的非凡立意。不由得想，能够做出如许想象的心，定然无比澄澈清明。那神异的心壤，承接了一寸月辉，即可生出一万个月亮。

叩问自己的心：你是不是经常犯"月亮缺乏症"？晦朔的日子，天上的月亮隐匿了，心中的月亮遂也跟着消亡。没有月亮的时候，光阴在身上过，竟有了鞭笞般的痛感。"不是我在过日子，而是日子在过我。"我沮丧地对朋友说。回忆着自己走在银辉中的模样，是那样的诗意盎然，但今天的手却是绝难伸进昨天——我够不着浴着清辉的自己。这座城市里有一个冷饮馆，叫"避风塘"。我路过了它，却又踅回来，钻进去消磨掉了一个寂寥的下午。赚去我这整个下午的，是它的一句广告词："一个可以……发呆的地方。"灰暗的心，不发呆又能怎样？

我常常想，苦的东西每每被我们的口拒绝，苦口的药，也聪明地穿起讨好人的糖衣服。苦，攻不破我们的嘴，便来攻我们的心了。而我们的心，是那样容易失守。苦在我们的心里奔突，如鱼得水。可以诉人的苦少而又少，难以诉人、羞于诉人的苦多而又多。忧与隐忧不由分说地抢占了我们的眉头和心头。夜来，只有枕头知道怀揣了心事的人是怎样辗转难眠。世界陡然缩小，小到只剩下了你和你的烦恼。白天被忽略的痛，此刻被无限放大，心淹在苦海里，无可逃遁。这时候，月亮在哪里？天空没有月亮，心空呢？

想没想过，剪个纸的月亮给自己照明？

创造一个月亮，其实是创造一种心情。痛苦来袭，我们习惯浩叹，习惯呼救，我们不知道，其实自我的救赎往往来得更为便捷，更为有效。唐山大地震的时候，有个女孩掩埋在废墟下达八天之久，在那难熬的日日夜夜里，她不停地唱着一段段的"样板戏"，开始是高声唱，后来是低声唱，最后是心里唱。她终于幸存下来。她不就是那个剪个纸月亮给自己照明的人吗？劝慰着自己，鼓励着自己，向自己借光，偎在自己的怀里取暖。这样的人，上帝也会殷勤地赶来成全。

人的生命历程，说到底是心理历程。善于生活的人，定然有能力剪除心中的荫翳，不叫它滋生，不叫它蔓延，给月亮一个升起的理由，给自己一个快乐的机缘，揣着月朗月润的心情，走在生命绝佳的风景里。

我为什么写"吾儿职场守则 21 条"

我儿子有一份很不错的工作,存在感、成就感也颇强。但是,身为母亲,我依然不能对他完全放心。有时候看到自己身边的同事出现这样那样的职场问题,我马上就会想:我儿子会不会也出同样的问题呢?自打这个孩子出生,我就一直盼着"省心"日子的到来——孩子不会走的时候,我就想,待他会走了我就省心了,可待他真的会走了,却感觉更不省心了;孩子没上小学的时候,我就想,待他上了小学我就省心了,可待他真的上了小学,却感觉更不省心了。一直到后来他读中学、读大学、读研究生、读博士、进入职场,我都有类似的体会——总以为下一站就叫"省心站",结果,"省心站"至今都没有迎来。终于明白,母亲,就是个无法省心的角色,活到老,操心到老。

操心,是爱的同义语。这世界上有两个人,我对其除了爱还是爱——生我的人和我生的人。只要有"许愿"的机会(例如在生日烛光前),我一定在心里默默为这两个人祝祷,祝母亲健康,祝儿子优秀。

我跟儿子讲过这样一件事——在与我校老教师进行退休前谈话的时候,我有个惊人的发现:每个人都无限留恋自己的职业生涯!他们当中,有的是习惯性迟到早退的,有的是收获过一茬茬学生"差评"

的，有的甚至曾经装病不上班，但是，在挥别那个职场上的自己的时候，他们难过了，流泪了。他们不愿意带着憾恨离开，却永远丧失了修正的机缘。单位，或许是个让人生厌、让人诅咒的地方，我们可以不重样地骂它一千句、一万句，但是，一个叫"我"的东西就活生生地戳在单位里，在一种宿命般的捆绑中，我们必须找到与它诗意共处的理由，因为，你最美丽的一段生命历程，就熔铸在单位里。我们的学校简称为"开一"，我们有句口号叫"开一美好，其中有我"，当然，如果你想跟这口号较劲，你完全可以把它改成"开一垃圾，其中有我"，甚至"开一毁灭，其中有我"。

遥望过一次儿子供职的公司，在心里对它说："拜托你善待我的儿子哦！"我明白，这句话应该有个前提，那就是，我要保证交给你一个值得"善待"的孩子。因为太在乎孩子的生存质量，因为太希望他在职场不留、少留憾恨，因为太愿意让他活成值得他自己崇拜的人，我为他写了"吾儿职场守则21条"——

1. 早晨不去公司刷牙、洗脸、大便。
2. 永远在被人提醒"头发该理了"之前理发。
3. 宁可穿破，不可穿错。
4. 出了家门就绝不趿拉着鞋子走路。
5. 与人谈话时毅然按掉任何人的手机来电（让眼前这个人觉得他比天边那个人重要）。
6. 电脑桌面与办公室桌面要时常清理。
7. 与人吃饭，抢着买单。
8. 与上级对话口气不软，与下级对话口气不硬。
9. 不在背后说任何人的坏话。
10. 如果觉得上司做错了，先拿出建设性的意见再开口，否则就闭嘴。

11. 永远不要带着怨气向上司要名要利。

12. 上司也需要朋友，不要巴结，但要贴心。

13. 对神一样的对手要真心服气，对猪一样的队友要真心援手。

14. 做一个会"偷师学艺"的有心人。

15. 永远不要把赚钱当成最高追求。你若太爱钱，钱就不爱你。

16. 被人嫉妒说明你还没有超他太多，要知道，土丘不会嫉妒珠峰。

17. 一吃亏，就偷笑。你姥姥讲：明里人亏欠，暗中天偿还。

18. 比攒钱更重要的是：攒本事、攒人气、攒健康。

19. 凡是值得一做的事，不问结果，全力去做。

20. 别人吃一堑，自己长一智。

21. 拖拉就是弱智。

有趣的是，当有个同事得知我写给儿子的这"21条"之后，便央我转发给她。我笑问："你儿子才十岁，你要这个干吗?"她答："我要转发给我老公。"

"面包"与"玫瑰"的拉锯战

一个人走在路上，突然被人喊"老师"，回头看时，见是一个美丽的女孩。看我停下，女孩跑过来，热情地拥住我；回头对一位微笑着看她的中年男子说："我老师！就是我常跟你提起的那位……"我伸出手，握那发福男子肥厚的手。他穿西装，染过的头发梳得一丝不苟。他讲普通话，但凭我对语言的敏感，一下子就捕捉到了其中夹杂着甩不掉的 C 市口音。我说："您在 C 市待过？"他笑着点头，女孩抢着说："他就是 C 市的！我现在也在 C 市工作。老师，告诉您个好消息，我马上就能解决编制问题了！'入编'之后，我们就结婚！"我飞快地在头脑中梳理着女孩密集呈现的系列信息，问她："要是我没有记错的话，你学的是饭店管理专业吧？"她说："就是啊老师！您说我那时候怎么那么傻？中了邪一样，非要报这个破专业！我还以为一毕业就会有大饭店争着抢着让我去管理呢！结果可好，毕业就失业。不过还好，老天让我遇到了他。现在我和他在同一个单位——C 市财政局。我妈说我命这么好，全是她烧香烧来的。哈哈！"财政局……编制……结婚……美貌女孩……中年男子……我似乎全都明白了。

握别了女孩，心上起了乌云。我想到了学校的"女生课堂"。在女生课堂里,我们讲"面包与玫瑰"——一百多年前,美国妇女就喊出了"既要面包,也要玫瑰"的经典口号;面包代表物质生活,玫瑰则代表了包括爱、尊严在内的精神生活。我不愿臆断路遇的女孩是个"唯面包主义者",或许,她和那个中年男子之间的"忘年恋"是动了真情的,但是,女孩不知掩饰地欢呼"编制"却着着实实地出卖了她——在她看来,那无疑是一件傲煞人的事,所以她急于炫耀,急于与她的老师分享;她承认自己"命好",而她"命好"的全部秘密就在于老天让她"遇到了他",他才是她的幸运之源;她怎么可能到专业不对口的、令人心馋眼热的财政局工作?还不是因为财政局是他的"老巢"!

我几乎可以断定,这是个"面包大于玫瑰"的女孩。她不一定就忘却了高中时在女生课堂上学来的那个口号,但是,"社会"这个老师很快就让她懂得了"面包比玫瑰更实惠"的道理。电视节目中不就有人曾赤裸裸地为一代"唯面包主义者"代言吗?她说:"我宁愿坐在宝马车里哭,也不坐在自行车上笑。"瞧,"面包"蔑视起"玫瑰"来,何其跋扈!何其嚣张!

最近,有个作古的女子因为一部电影重又闯入人们的视野。萧红,一个被"列巴圈"套死的女人。什么才情,什么爱情,什么亲情,在一个"列巴圈"面前全都失了分量。当她悲惨地逼问,"我拿什么来喂肚子?桌子可以吃吗?草褥子可以吃吗?"你是不是就可以原谅她一次又一次的"犯贱"呢?如果你不原谅,你是不是又要到"饿死事小,失节事大"那里去寻答案了呢?

今天,几乎所有的女人都可以不通过"犯贱"就能吃上"列巴圈"了。然而,"银列巴圈""金列巴圈"在远方殷勤招手,于是,"玫瑰"只好黯然让位于"面包"。

"面包"与"玫瑰"的拉锯战不会轻易终结。"面包"从未断绝过拉"玫瑰"下水之心,"玫瑰"也从未消泯过带"面包"高翔之念。在这场没有硝烟的战争中,一茬茬女子兴致勃勃地充当着英雄抑或炮灰,在光阴中一闪即逝。

"物质女"铺天盖地来袭。"物质女宣言"不就是这样说的吗——我想,用一颗钻石求婚比用一枝玫瑰求婚更能打动我的心。"物质女"坚信:同样是醋熘土豆丝,用"英国制造的银餐具"去吃它与用"两根棍棍"去吃它味道绝对不一样。

在"玫瑰"越来越难抢到一席之地的今天,我还是要不合时宜地鼓吹"玫瑰"的重要性——它是爱情小屋的地基,它是婚姻大厦的钢筋,它是女人闭着眼睛都不会买错的"绩优股"。

天下女子都应该竭力追求"面包与玫瑰"兼得。那是因为——只要"玫瑰"活不了,只要"面包"活不好。

一千条裙子

我教的第一届学生聚会,邀我参加。宴会开始不久,大家的关注点就聚焦到了一个叫菲菲的女生身上。上中学的时候,菲菲还是一朵含苞的花,没看出有多打眼;这会儿的她,却活脱脱出落成了一个翩若惊鸿的美人。

"老师,您知道吗,人家菲菲改名了,叫白富美!咱全中国的白富美们都是山寨版的,正宗的就一个,坐您身边了!"

"老师,您信不信,人家菲菲有一千条裙子呢!"

听着大家叽叽喳喳的议论,菲菲也不辩驳,受用地用会笑的亮眼睛看着说话的人。末了,她撒娇地嘟起嘴,跟我说:"老师,您看他们,要把我吃了!"

我知道,除姿容的本钱外,菲菲工作干得也不错,颇得上司器重;菲菲嫁得好,老公是个吸金大王,又愿意宠她。纵有一千条裙子,似乎也不是一件令人讶异的事。但是,整场宴会,我的思绪都停留在"一千条裙子"上回不来,我的心里分明有个声音一直在执拗地追问:"一千条裙子?当真能穿得过来吗?"

就在前几天,一位小学语文老师跟我诉苦说:"公开课上,我带着学生们做分辨词性的练习。当我打出'奢华'这个词时，我们全班所有同学一致认为这是一个褒义词！这是我始料不及的！我立马傻了，嘴皮子也不利落了，两条腿也开始拌蒜……好不容易熬到下课，我一阵风般跑回办公室，扑到电脑上百度'奢华'这个词——我的个天！刚把'奢华'输进去，还没来得及点'百度一下'呢，输入框下就呼啦啦排出了一个大队形，什么'奢华手机''奢华珠宝''奢华品牌''奢华小站'，全都是当褒义词使用的呀！你说，在全社会都把'奢侈浮华'认作褒义词的大环境中，我该怎么去跟孩子们讲它呀？"

"一千条裙子"不就是"奢华"这个词的具体化、形象化吗？我看到过一个使用苹果手机的女孩，她高举着她那部金光闪闪的手机说："我的手机不值钱，我的手机套值钱。我这个手机套，可以买三部这样的手机。"如愿以偿地，她收割了一茬无比茁壮的惊羡。

据说，连胎儿的胎发笔都有"豪华版"的；据说，连死人的骨灰盒都有"和田玉"的。在"可用""够用"之外，我们近乎病态地迷恋着那"没用"的附加部分。

"物欲"挥鞭，我们微笑着当牛马。

……

宴会临近结束的时候，有个做了教师的男生恳切地希望我给大家推荐些读物，我便推荐了几本自己喜欢的书和几个常去的博客。末了我说："我特别希望女生们能在网上搜读一下莫言的一篇演讲，题目叫《悠着点，慢着点》；另外，如果女生们只肯读一本书的话，我隆重推荐《德兰修女传》。"

——我多么希望我的弟子们能够注意到：莫言在他那篇著名的演讲中说，有一千条裙子的女人是有罪的，有一万双鞋子的女人是有罪的；德兰修女放弃欧洲"美丽舒适的大房子"，只身飞往印度，一生服侍穷人，她的遗产只有一双旧拖鞋和三条旧纱丽。

"妈妈，我小时候你对我狠些就好了"

一位母亲向我诉苦，最近女儿回家，无意中说了一句"妈妈，我小时候你对我狠些就好了"。

这个母亲听后很纠结，她说："女儿小时候我的确很宠她，没动过她一手指头；现在，我也经常对打孩子的家长说，不要跟孩子动手，你看我家女儿，从没挨过打，这会儿发展得多好！"

她的女儿发展得确实好，入职就开挂，小小年纪，就做了一家大公司的营销负责人，年薪近百万。但是，这孩子不满足于现状，不断寻求进阶机会。我猜她是在进行自我"SWOT"分析时，发现自身的软弱中有来自原生家庭的成分，那就是，当初妈妈对她不够狠。

看到这个"小金领"的"进阶阻力归因"，不由得想到了另一个阶下囚的"犯罪归因"，同样是将人生惨败归因到了母亲头上，他以为自己的牢狱之灾，全是母亲一手导演的——母亲对他太狠了。"母不慈、子不孝"，他们母子关系一直很紧张，他没读完高中就离家出走了，结交了许多不良朋友，最终锒铛入狱。

——小成，母亲难辞其咎；大败，母亲难辞其咎。

——母慈，母有责；母悍，母有罪。

果真如此吗？

教育是一项异常复杂的浩繁工程。当我们根据"果"去溯"因"时，我们很容易犯臆测的错误。"进去大象，出来蚂蚁"或者"进去蚂蚁，出来大象"，不是某个魔术师凭着一己之力就可轻易做到的。

"同母不同命"的例子太多了，流传最广的大概是杜鲁门母亲的故事吧。杜鲁门当选美国总统后，有人向其母亲祝贺："您有这样的儿子，一定十分自豪吧？"总统的母亲平静地说："是的。不过，我还有一个儿子，他现在正在地里挖土豆，同样让我感到骄傲。"

这个母亲对两个儿子的教育方式不会有太大差异，但兄弟俩却走出了截然不同的人生道路。

一个西南地区的大毒枭，他的胞弟获得博士学位后，成了北京某研究院可倚重的研究人员。而这对兄弟的父母都是教育工作者。同一个"家庭子宫"，孕育出的孩子却有霄壤之别。

如果家庭教育和学校教育都是"种瓜得瓜、种豆得豆"那么简单和绝对，那么，一母之子和一师之徒不就应该走出相同的人生轨迹吗？

回头看那个"小金领"，如果在她小时候她的母亲一天一顿地狠狠管教她，她没准早就因叛逆而与母亲反目了，能不能读完高中都未可知。

再说那个阶下囚，如果在他小时候他的母亲对他一味纵宠溺爱，他入狱的时间说不定会大大提前呢。

千万个可见的不可见的、说得出的说不出的教育之"因"，结成了独一无二的教育之"果"。自身的禀赋、同伴的格调、家庭的气质、学校的氛围、社会的风尚，都可能成为一个孩子命运的推手。

陶行知在谈到学校教育的差异性结果时说过这样一句话："立脚点上求平等，于出头处谋自由。"家庭教育又何尝不是如此呢？一母同胞的兄弟姐妹，喝着同样的奶水、听着同样的歌谣长大，一旦到了"谋自由"的环节，成龙还是成虫，可就"不由娘"了。

五　蓝花布巾

你是拾的

姥爷活着的时候,一直把我当小孩子,从不跟我唠大人嗑。唠什么呢?唠鬼故事。讲到最瘆人处,我鬼喊鬼叫,把头钻进被垛里。姥姥便数落姥爷:看你把妮儿吓的,魂儿都丢了!姥爷只管笑,眯着眼,酝酿下一个鬼故事。

在姥爷走了三十几年后的今天,我听到一个炸雷般的消息——姥爷是"拾的"!

他们说,姥爷对自己的来路是清楚的。但他从没跟我提起过。

在南旺村,差不多每个小孩子都被这样傻逗过:你是拾的!我自然也不例外。八九岁上,一个本家的妗子在十字街对着我念这句恶毒台词,我听了竟号啕大哭起来。边哭边往家跑——我要回家去问问姥爷姥姥,我究竟是从哪里拾的,我的亲爹亲娘在哪里。姥爷听我说了原委,顿时火冒三丈,拽着我去十字街找那个妗子算账,见面劈头就骂了她一句脏话。妗子说:"真护犊子!"姥爷不干了,扯着妗子要她去当着她公婆的面说清楚。妗子认尿,软话说了一箩筐,街坊们也都劝姥爷别跟老娘们儿一般见识,姥爷这才气哼哼地拉我回家。

回到家后他口气柔柔地对我说:"妮儿你记着,你不是拾的人们才敢跟你说你是拾的,你要真是拾的,就没人敢跟你说你是拾的了。记住了不?"

但从那以后我心里就有了阴影。每当人们说我眉眼长得像我娘时,我心里的阴影就减淡一点,我安抚那颗受伤的心说:哪个拾的孩子能跟他娘长得这么像呢?你不是拾的,春坡才是,春坡跟他娘长得半点都不像。

今天,当我得知姥爷才真是个拾来的孩子之后,突然就明白了此前解释不通的许多事。比如,他听别人说我是拾的时反应过激;比如,他没有自己的亲兄弟姐妹(据说他父母因不生养才"拾"的他);比如,他眼神里总有一种说不出的凄惶……

我一直跟姥爷长到了十四岁。一个十四岁的孩子不值得倾听那个惊天动地的故事吗?但是,姥爷却没有跟他最疼爱的隔辈人提起过半句。

当我猝不及防地被摆在这个冰冷的事实面前,我很长时间回不过神儿来。我多么心疼岁月深处那个可怜的老头儿,那个柔声安抚我说"你不是拾的人们才敢跟你说你是拾的"的老头儿,那个用一身橘红丝绸衣装把我打扮成一团火后撺掇我去外面走一遭的老头儿,那个得了半身不遂后动不动就伤心哭泣的老头儿……

在十字街,有没有人对年幼的姥爷说过"你是拾的"?不能想这个问题,想一回,鼻子酸一回。

姥爷可知道,那个听着鬼故事长大的孩子已经不怕鬼了。如果他再讲一回他最拿手的鬼故事"纸扎人",讲到"纸扎人"在半空中忽忽悠悠跟着小丫头出门时,我非但不会鬼喊鬼叫,还会对故事中瑟瑟发抖的小丫头说:甭怕!那就是个纸扎的人,一把火就能把它烧死!

但是,姥爷最想对我讲的,难道真的就是"纸扎人"吗?难道不是他自己那一碰就滴血的辛酸往事吗?

我惴惴地问姥爷：你是因为嫌弃我小才缄口的吗？你真的不相信我可以分担一点你的苦吗？

唉，我们最善于倾听的年龄没赶上亲人最渴望诉说的岁月。他无法劝慰今天的我不要为斑驳往事伤怀，恰如我无法劝慰昨天的他不要为凄苦身世悲恸。

这人间无处安放的憾恨啊……

据说，姥爷是富庶人家走丢的孩子。刚来南旺村时，有很重的外地口音。

蓝花布巾

白露为霜的时候我回到故里，不巧遇上寒流。我的低领羊毛衫无力温暖我的脖颈，寒气骤然扫荡了周身。

母亲看我瑟缩的样子，数落着，嗔怪着。我梳头的时候，她在我身后抖开了一块蓝花布巾。我在镜子里看到那古瓷碗花边一样的拙朴图案，噗地笑出声来。我说：哪儿弄来的这么一块头巾？母亲说：你好好看看，看还记得不？我回过身来，怪讶地从母亲手中接过那块蓝花布巾，翻过来调过去地看。末了，我摇摇头说：不记得。

母亲说：

是十几年前的事了。那时，你还在上大学，寒假回家，你给你外婆买了这块头巾。你外婆特别喜欢，过年的时候戴了一回，就舍不得再戴，叠起来压在箱底了。有一年秋天，我去看你外婆，临走的时候，你外婆担心我着凉，硬要我围上这块头巾。我只好围了。也就围了那么一次吧，回来就放起来了，本打算以后找个机会再还给你外婆的，哪想，你外婆那么快就用不着它了……甭看过去这么多年了，这块头巾到今天都还没下过水呢。

我无声地坐在母亲的床上，平展地铺开了那块蓝花布巾。我的手在那一朵朵蓝花上游移，试图在那拙朴的纹路间触到外婆留与我的一丝丝印痕。那一刻，我由衷地为十几年前外婆那个懂事的外孙女而感动。记不清是在北京还是在张家口，她于千万块头巾中挑出了这一块最能代表她审美情趣的蓝花布巾。她本是想让她的外婆暖一些的，但是，外婆却更想让自己的女儿暖一些；外婆的女儿本可以在那么多个秋冬里用旧这条头巾的，但是，她却一直悉心地看护着那一朵朵蓝花，在这白露为霜的日子里，送给女儿一份崭新的惊喜。

对着镜子，我仔细地围好那块蓝花布巾。母亲欣慰地站在我身后，微笑着说：多好看。我轻轻抚弄着巾角，微笑着回答：是好看。

——走在街上，看着那些颈项裸露的人们瑟缩着赶路，好想说：知道吗，我有一个暖心的故事，值得告诉全世界……

母亲的报复

这次回家,跟母亲拉呱,说到"深泽庙会",母亲又提起了"菏泽丐帮":"好多年不来赶庙会了。也不知道他们咋样了……"我听了大吃一惊,问母亲:"你还惦记着他们呢?我真服了!"

为了我们家跟菏泽丐帮那点事,我还写过一篇文章,题目是《我家的"丐帮"亲戚》。许多人读了之后问我:"那是真的吗?你家真的是菏泽丐帮的集散地吗?"我笑答:"千真万确!"

1978年深泽庙会期间的一个傍晚,一个瘸腿的乞丐(后来我们知道了,他原来是"丐帮帮主")来到我家门前,开口就喊我母亲"姑"。他对我母亲说,他是山东菏泽人,胡乱吃东西,吃坏了肚子,看能不能给他找几片黄连素。母亲不但找来了药,还给倒了一茶缸子热水,嘱那人吃下。"帮主"看我母亲是个和善的人,就提出在我家柴棚里借住一宿。母亲自然应允……

就这一声"姑"、几片黄连素,掀开了我们家与丐帮交往的伟大历史!丐帮一个传俩、俩传仨,一大群人呼啦啦都跑到我家柴棚来住。他们若是讨要来了饮料、水果,居然要孝敬"姑"。有一回,我可爱的小侄子飞奔回家,激动万分地告诉家人:"我在街上看到我要饭的爷爷（请注意这个美好的称谓）他们了！"有时碰上我父亲、弟弟干活缺人手，他们也会七手八脚地帮忙。1993年，我家翻盖了房子，柴棚成了厢房，帮主他们舒服地住在里面，风雨不动安如山。2003年，我弟弟、弟媳大手笔，拆了旧房，起了四层大楼，"帮主"他们见此光景，知趣地走开了，但是，母亲不依不饶，非要让他们住进来——在三层阳面，特意给他们预留了一个大房间……

我跟母亲说："那个帮主，虽说叫你姑，可实际年龄比你都要大吧？你想想，你都是八十岁的人了，他怎么还能跑得动？再说了，这些年日子越来越好过，他们很可能已经过上了富足的生活，用不着到处要饭了。"母亲说："也是。可年年一到庙会，这心里头就想起他们来了。唉，你说，挂记他们干吗？"

——我明白，劝也白劝，母亲的心中有一个位置，就是专给"帮主"他们留的。她对"丐帮"的惦念，差不多是一种难以违逆的宿命。

我外祖母生了六个孩子，我的一个小舅舅在很小的时候就夭折了。家境困难到令人无法想象。母亲说，她和我那几乎要饿晕了的二舅去到一户富裕人家讨饭，一个恶汉在大门口叉腰道："走吧走吧，没有吃的了！"可是，母亲分明看到他家窗户下面有一管箩高粱，母亲就提出要点高粱，恶汉说："给了你们，猪吃什么！"在饿得实在扛不住的时候，母亲居然和二舅每人吃了两瓣蒜（家中唯一可吃的东西），喝了一点水……每当母亲跟我们姐弟讲到这段往事，她眼里都会转动泪花；而我，被那兄妹俩"喝凉水、就蒜瓣"的惨景一次次击中，心头的苦辣蛰痛了双眼。真恨不能穿越回岁月深处，带那可怜的兄妹俩去吃一顿大餐。

一直想问问母亲，当年，她给"帮主"找药倒水的时候，是不是想到了自己在恶汉家门前遭受的冷眼和羞辱？母亲会不会有一丝庆幸——她终是寻到了"报复"那不堪回首的往事的一个好机缘！于是，她温柔地对待"帮主"他们，就像对待自己失散多年的亲人。每次翻盖房子都事先想到如何安置那些每年秋天候鸟般飞来的"穷亲戚"。母亲多么善于"报复"啊！她跟每个脏兮兮的乞丐都热络得要命，听着年龄跨度至少有二十岁的一伙子人争先恐后地"姑""姑"地唤她，她内心的喜悦都跳到脸上，开出花来。

——在远离母亲的城市，每当听学生们背诵《弟子规》中"勿谄富，勿骄贫"的时候，我都会在心中说：我的母亲，为"勿骄贫"给出了一个满分+的答案呢！命运曾那样亏待母亲，但母亲却有能耐将吞下的苦悉数酿而为蜜，再用这蜜去慷慨滋养他人。母亲的"报复"，竟是这般高妙！身为她的长女，我叩问自己：我该怎样修心，才配得上做她的女儿？

俺娘说

俺娘，1938年生人，曾供职于晋州文化馆（音乐教员）、深泽西关小学（语文教员）。也曾貌美如花，也曾舌灿莲花。两年前，俺娘已显失智，"近期记忆"远不如"远期记忆"。近次回乡，邀俺娘同唱《北风吹》《都有一颗红亮的心》《浑身是胆雄赳赳》等，都能在我引唱下唱完。尤其是"北风那个吹"一句，一开口即比我高八度。我小时候曾被俺娘嘲笑为"破锣嗓子"，后来，关牧村大火，俺娘便让俺学唱她的歌。（呵呵！）也曾在文章中零散引用俺娘妙语，比如"明里人亏欠，暗中天偿还"等，但不曾系统梳理；昨日借俺娘一句话劝人，遂生出梳理一下俺娘语录的想法，便有了这篇文章。

一、明里人亏欠，暗中天偿还

这句话比"吃亏是福"说理更透辟，它为你设定了一个明眼的法官——天，告诉你要跳出一时一事，遣自己站在"终点"处回看人生亏与赚。

得着这句话的照耀，我从不怀疑天暗自掌握着某种平衡。有时竟会在心里喊：让亏欠来得更猛烈些吧！因为，那就意味着，天的奖励将愈加丰厚。

当我给学生讲吴承恩的"善恶若无报，乾坤必有私"时，我自然想起了母上大人的教诲。是啊，乾坤无私，因果有报，你我且待。

二、常在花前走，人也显精神

俺娘的名字里带一个"花"字，莫非是这个缘故，她格外喜爱花。

我家早先有个院子，别人都在院子里种菜，可俺娘种花，草茉莉、掐不死、喇叭花、染指甲花、狗尾巴花……这些花在我家院子里野蛮生长。连斑鸠都喜欢成双成对地飞到我家院子里，饮水赏花。

我对"常在花前走"的"形象大于思维"的理解，还是最近几年的事。这里的"花"，不仅限于物质的花，也是精神的花。当我去亲近一个如花一般的妙人、一本如花一般的妙书，我整个人也变得超脱不俗，俊逸清新；当然，我也时时提醒自己竭力去做别人乐于亲近的花，开出美好，辉映他人。

三、许了人，人想着；许了神，神想着

遇到轻诺寡信、食言而肥的人，我常为他们遗憾，因为他们一定没有一个会说"许了人，人想着；许了神，神想着"的母上大人。

如今，我对这两句话的理解已然达到了这种程度：人想、神想，都莫若"己想"。

想当年，延陵季子佩国宝级宝剑拜访徐君，徐君"观剑不语，而色欲之"——眼馋了。延陵季子看透了徐君的心思，当即慨然"心

许"那把宝剑于徐君。待他履行完公务,返回来"践心诺",不想徐君已撒手人寰。可这个延陵季子多么重信啊!他硬是将宝剑挂到了徐君的墓前。人们献给他的赞歌是这样唱的:"延陵季子兮不忘故,脱千金之剑兮带丘墓。"

背叛"嘴许"的人,看到这个忠于"心许"的故事,又该做何感想呢?

盘扣子

我在审视母亲走过的人生轨迹时,发现它是枣核儿形的:起初,母亲的世界在南旺村那个狭小的院子里;后来她的世界延伸到了晋州文化馆;再后来,她的世界竟然还曾延伸到了椰风海韵的湛江……

然而,大约十年前,母亲的"枣核儿"开始悲凉地收拢,慢慢滑向比先前那一端更逼仄的另一端。随着母亲的膝关节炎的加重,她的世界从县城,缩小到西关,再缩小到院落、房间……

母亲越来越离不开人了。有时候,弟弟弟妹出去片刻,她都会惊慌不已。她心中藏着一种尖锐的怕,就算她不说,我们也猜得透。

这次回家,我问母亲:"妈,你可还记得怎样盘那种蒜疙瘩扣吗?"母亲黯然道:"记性越来越差,怕是早忘啦。"我便找出事先备好的各色丝绳,递与她。

母亲背光坐着,喜爱地摩挲着那些滑腻的丝绳,慢慢拈起一根,不太自信地将两头搭在一起,又慌乱地扯开。

我鼓励她说:"妈,你还记得我那件玫红色法兰绒的坎肩不?那不就是你盘的扣子吗?每年秋天我都要穿一穿它呢!我一直想跟你学盘扣子,一直也没学会……"

母亲听了，数落我道："手指头中间长着蹼呢——拙呀！"我摊开手掌，装傻道："啊？蹼在哪儿呢？在哪儿呢？"

母亲仿佛在数落我中汲取了力量，脸上有了明快的自信，继而，这自信又蔓延到了手上。只见她兀自笑了一声，两只苍老的手笃定地动作起来。

扭，结，抽，拉，母亲的手从容地舞着。神助般地，她终于盘成了一个完美的扣子！

接着，我又贪心地递上丝绳，央她再盘，央她教我盘。

母亲越盘越娴熟，那过硬的"童子功"毫不含糊地又回到了她的手上。

母亲是多么快活！她对来借簸箕的邻居大声说："这不，我家大闺女稀罕我盘的蒜疙瘩扣，非让我给她盘！你看看，都盘了这么多了！"

我毫不吝惜地赞美母亲的作品，毫不掩饰地表达想要更多扣子的愿望。母亲则因为帮我做了我无力做成的事而开心了整整一天。

我悄悄跟自己说："母亲那尖尖的'枣核儿'能吸附些微的快乐，该有多么不易！所以，在母亲的有生之年，我不能学会盘扣子，绝不能……"

母亲把药片嚼得嘎嘣响

失智的母亲不会吃药了。

我把十几粒花花绿绿的药扣到她嘴里，赶忙喂水，提醒她：仰脖，咽下。她的舌头紧张地蠕动着，听话地咽下了水，却成功地将药片顶到了口腔一侧，腮帮子鼓鼓的。再喂一口水，依然不会连药咽下。连续喝了几口水，她才开始认真地咀嚼起那些药来。房间里顿时弥散中西药混杂的气味。

再一次喂药时，我决定先做思想工作。我说：娘啊，咱这可是吃药，不能嚼碎的，嚼碎了多苦啊，要囫囵咽下。你原先咽得多好哇，一仰脖，连水带药，全都进去了。你看，连航航和惨惨（她的两个重孙子）都是这么吃药的呀！

再喂，她依然先咽下水，再把药嚼得嘎嘣响。

每次喂她吃药，我都惶急无措，暗自替她用力，一口口空咽着唾沫，恨不得替她把那些药吞下。

"亲有疾，药先尝"，那说的可是汤药啊！这药片和胶囊，如何尝？

可我不忍让母亲天天嚼我不知味的药啊。

我决定掰开药片尝尝。

阿司匹林、马来酸依那普利、酒石酸美托洛尔，这三种小白药片味道还算友善，略苦略酸，不是那么难以下咽；中药银杏叶片是带糖衣的，糖衣下面藏着涩涩的苦味；最难以下咽的是脑心通胶囊，似乎将中药所谓"酸、苦、甘、辛、咸"（我又加了一味——腥）这五味阴险地做了乘法后融于一囊！我只嚼了几个小米粒大小的颗粒就忍不住作呕了，我可怜的母亲，又是怎样一次嚼三颗胶囊的呢？

母亲吃药成了我的心病。我也曾将那些药融入一勺水中，让母亲一口咽下。她表情痛苦地看着我，反复嘟囔：怎么这么……怎么这么……——她已不会说"难喝"这两个字了。

我无从知道我小时候母亲是怎样喂我吃药的，但我见过她怎样喂小我十二岁的妹妹吃药。感冒冲剂里调入一勺又一勺蜂蜜，假装喂了镜子一口，假装镜子要劈手夺走那好喝的"甜水水"，假装把镜子赶走，只将"甜水水"喂给最乖的妹妹喝……

我也好想给母亲的药里调入一勺又一勺蜂蜜，怎奈她是糖尿病人，跟甜不共戴天啊！

每次喂母亲吃药之前，我都要准备几片水果，一旦母亲吃完了药，赶紧给她吃点水果，压压苦味。

多年前我曾写过一篇文章，题目是《等着我》。我写到女主人公希望来世还与母亲做母女，但是角色一定要倒过来——妈妈做受宠的女儿，女儿做操心的妈妈。

如果你有一个失智的母亲，还用等来世吗？这一世，你就有机会为妈妈做妈妈了。陆晓娅写了一本关于她失智母亲的书，书名干脆就叫《给妈妈当妈妈》。

为那个带你来到这世界的人做她当初为你所做的一切：喂水、喂饭、抓屎、抓尿、穿衣、盖被、刷牙、洗脸、洗澡、梳头、理发、剪指甲、晒太阳、哼歌曲、说故事……多吃一口则喜，少吃一口则忧；担心睡眠不够，又担心睡眠过头……

如果母亲能够选择，她一定不肯让女儿做她的妈妈；但是，母亲丧失了选择权，她被罚做回了小婴孩。

我离开老家那天，弟弟说：不要跟妈说了吧。我于是像个不懂事的孩子，拖起箱子就走了。想起多年前，每次离家，父母都要送出院门，我走出老远一回头，见他们依然站在那里，白发在风中飘着，朝我摆手，万般不舍……想到这些，泪水流了一脸。

我妈特爱钱

弟弟打来电话,边说边笑。

他说:"我一进咱妈屋,看见她把枕头、被子翻了个乱七八糟。我问她找什么呢,她说,我那二百块钱怎么找不着了?"

这不是母亲第一次找钱了。隔一段时间,我家就会上演一回这样的节目。

自打母亲卧床,她就不能亲自花钱了,当然也就没必要把钱给到她手里了。但因为患有阿尔茨海默病,母亲常常产生各种幻觉,丢钱,就是她最频繁出现的幻觉之一。

那天看脱口秀,听李雪琴说:"我妈特爱钱!"

李雪琴讲了个故事。

她妈妈摔伤后,以为自己不行了,于是就将存折的密码全部告诉了她。三个月过去了,妈妈的伤养好了大半,可以坐轮椅外出了。

妈妈外出后做的第一件事,就是直奔银行,修改了所有存折的密码。

李雪琴说:"妈妈呀,你不至于这样防着你闺女吧?"

妈妈说:"快拉倒吧!你姥姥的钱就是这么没的!"

别人或许将这故事当段子听，我却在屏幕外唏嘘不已。

越是指着钱带给自己安全感的人，往往越舍不得花钱。

我想，倘若我的母亲真的翻出了钱，倘若李雪琴的妈妈得到了更多的钱，她们，该怎样消费呢？

这个问题，可以在李焕英那里寻到答案。

你看那李焕英，为了让女儿放心，买了车票；但女儿走远后，她立刻退了车票，冒着风雪，步行回家。

究竟是什么，让她们变得这么财迷？这么抠门？

"差不多半个月的光景吧，我开始睡得不踏实。一到半夜四点就醒来，骨碌碌睁着眼睛睡不着。又突然地爱起了钱，我知道我是老了……"

这段"自黑"的话，来自贾平凹。

有人拿这段话制成炮弹，重又投给了贾平凹：你不打自招！你搂钱无底线！

老贾剜出一颗心，捧在手上，让大家鉴定它的颜色。砰，有人朝那东西放了一枪。

唉，谁让你那么肯剜？

我久久地注视着"突然地爱起了钱"这七个字，心疼起用行动准确无误地说着这七个字的老人来……

老了，赚钱的能力越来越差，只好捂紧越来越瘦的钱包。指着拿这钱买个健康，指着拿这钱买个尊严，指着拿这钱买个儿女欢心。

"特爱钱"的老人，其实是"特明白""特焦虑""特恐慌"。

别嘲笑他们是"财迷疯"，明天的你，将会步他们的后尘。

你妈妈还能叫出你的名字吗

弟弟打来电话,说母亲最近记忆力变得越发差了,有时竟会对着弟弟的儿子叫弟弟的名字。我听了,心一沉。

元旦放假两天,我跟在保定的妹妹说,咱们回深泽去看老妈吧。妹妹说"好的"——我知道她元旦后要去海南,但她丝毫没有犹豫。

去正定的高铁票售罄,去石家庄的高铁票售罄,还好,去保定的高铁票还有两张!立刻抢了,欢天喜地地告诉妹妹:"我去保定和你搭伴儿回家!"

在高铁上,邻座是一个年轻的母亲,怀里抱着个一岁左右的女孩。她近乎饶舌地一直在跟孩子说话——

"很快就见到爸爸了,奕奕(或者是艺艺、逸逸、忆忆……)高不高兴?"

"奕奕看外面!树叶都掉光了,但每棵树都很好看,对不对?"

"冬天树叶都会掉,春天树叶就又长出来了,奕奕就可以穿着漂亮的裙子,去公园玩了,好不好?"

"哟,阿姨来给咱们打扫卫生了,阿姨真漂亮,是不是?"

"奕奕困了就睡觉觉,奕奕最乖了……"

那孩子终于睡着了,母亲用红色羽绒服裹了女儿,把她舒舒服服地平放在自己的座位上,自己站着,用两条腿,当了护栏。

我知道,这个女人的样子,是我母亲曾经的样子,也是我曾经的样子,还是我妹妹曾经的样子……

迈进家门的那一刻我还在害怕,害怕母亲叫不出我和妹妹的名字。还好,母亲欢快地叫出了我俩的名字。

跟母亲在一起的分分秒秒,都应该是"情感零流失"——不玩手机,不更新公众号,不约会同学,甚至尽量减少上街买菜的时间。为她洗干净一切可以洗的,给她剥橘子、剥枇杷,陪她说家长里短,和她一起唱"洪湖水呀,浪呀嘛浪打浪啊……"

元旦那日黄昏时分,妹妹的小女儿淘淘蹦蹦跳跳着跑过来跟姥姥说话,母亲茫然地指着那个女童问我:"这是你家的孩子吗?"

就像挨了当头闷棍,我顿然萎了。

我悲哀地想:有朝一日,母亲可能叫不出我的名字;有朝一日,我可能叫不出我儿子的名字;有朝一日,奕奕的母亲可能叫不出奕奕的名字。

名字,母亲赐予的名字,母亲用体温焐暖的名字,母亲用絮语拨亮的名字,母亲就算忘了全世界也忘不掉的名字啊!当这个名字被窃走的时候,是不是也就意味着,母亲作为一个精神的人,被抹掉了……

上周见到王欣,她说她的母亲也患了小脑萎缩,记忆力衰退得厉害。我攥着她的手问:"你妈妈还能叫出你的名字吗?"她点点头。"真好!"我说,"趁着妈妈还能叫出我们的名字,我们要争分夺秒去看她……"

疼

读这么一小段文字,居然读得淌下泪来——

一个女孩写她奶奶和她爸爸在她小时候的一段对话:

奶奶:你吃的是什么?

爸爸:是我娃嘴里掉下来的东西。

奶奶:掉下来的,就不要吃了嘛!

爸爸:我不吃,怕我娃再捡起来吃。

奶奶:你娃不吃,却让我娃吃!

——爸爸疼他的娃,不忍让女儿捡着吃她自己嘴里掉下来的东西;奶奶疼她的娃,不忍让儿子捡着吃孙女嘴里掉下来的东西。

翻出多年前写的一篇小文章,思念起我那远去的父亲——

寒假时我带着儿子然然回家,父母不胜欢悦。

母亲喜滋滋地为她的小外孙忙碌着,却不知怎的老是对着然然喊我的小名。父亲微笑着告诉我说:"管全世界的小孩都叫你的小名,那可是你妈的强项哩!"

那天,父亲上街去买菜,母亲突然想起了什么,追出门去嘱咐父亲说:"记着,给孩子买副手套回来!"

父亲走后，母亲抱怨地说："你爸老了，整天丢三落四的——看着吧，然然这手套他多半是记不得买的。"

天很晚了父亲才回来。母亲接过父亲手中的菜篮子左拨拉右拨拉，到底也没找到她要找的东西。

母亲生气地责问父亲道："手套忘买了吧？"

父亲一拍脑壳说："瞧这记性！"

母亲于是长一声短一声地叹起气来，我晓得，这是母亲"狂轰滥炸"的前奏。

就在这时，父亲竟变戏法般从怀里摸出了一副杏黄色的皮手套，他不管母亲惊讶的眼睛瞪得多么大，只管得意地冲我一笑说："闺女，戴上！"

"错了错了！"母亲叫起来，"是让你给然然买手套，谁让你给闺女买手套的！"

父亲愣了一下，继而说了句让我幸福得几乎晕倒的话："只说是给孩子买副手套，我哪儿知道是哪个孩子！"

想起姥姥"偷吃"

一个朋友对我说：我把老妈接我这里来住了，各种烦心！就跟你说一件事吧，气死你！笑死你！话说，我顺着她的胃口做了红烧肉，结果她只吃一点点，越劝越不吃。唉，不吃算了，收了。但后来我发现她竟然偷吃！红烧肉放在冰箱里，她直接抠一块吃，也不嫌凉！我跟一个医生朋友说起这事，他说偷吃是老年痴呆的表现，可是，我老妈记忆力比我都好，没有半点痴呆的迹象啊……

听她这样一说，惊心往事立刻跳到了眼前。

那一年，上大学的我回到家，小舅告诉我说：你姥姥偷吃。

我不信。小舅一家对姥姥挺好的，又不会饿着她，她犯不上偷吃啊。

后来，母亲把姥姥接到深泽，没过多久，她也跟我说：你姥姥偷吃。

看来，姥姥偷吃是坐实了。

妹妹是这样描述姥姥偷吃过程的：吃饭的时候，她只肯吃一小块馒头，喝小半碗稀饭；吃完了饭，咱妈伺候她回她房间睡下，我隔着门帘看到她从褥子下面掏出一样东西，急慌慌往嘴里塞。我不敢惊动她,蹑手蹑脚离开。过了一会儿,我看她嘴不动了,就在门外喊,姥姥你喝水吗?说完就端一碗水送过去。我其实特别想看看她在偷吃什么好东西。趁着她喝水的当儿,我把手伸进了褥子底下——你猜我摸到了什么?竟是一块压得扁扁的干馒头!

是的,姥姥偷吃的,正是她在餐桌前"敞开供应"的馒头!

我小时候跟着姥姥长大,最担忧的一件事就是,等我长大了双脚会变成姥姥那样丑陋可怕的"粽子脚"——大脚趾触目惊心地往前杵着,其余四个脚趾一个比一个谦卑地跪下,跪得最厉害的要数小脚趾,简直是彻底趴倒直冲脚心而去了。一想到老了之后好好的脚丫子会变成两只"粽子",我就焦虑不已,恐慌不已。

自打知道姥姥偷吃之后,我又增添了一个新焦虑,那就是,等我老了之后,会不会也像她那样偷吃?

前不久,我和妹妹探讨姥姥偷吃的原因。她说:在人前只吃一点点,是怕别人嫌弃自己不能干却能吃,也是为了引起家人的关注,激起家人的同情——你看,我都老得吃不下饭了,你们要多多可怜我呀!正餐吃太少,扛不住饿,自然会偷吃。

我认同妹妹的分析。是啊,一个将自己定义为"不中用了"的人,会在弱势心理的驱使下用"疏离饭食"的做法博人同情。这跟老年痴呆无关,却跟"老年心理"有关。

给姥姥烧纸的时候,不忘念叨一声:在那边可要吃好……如今,我娘也去那边伺候你了,我娘做了好吃的,你可要光明正大地吃,你要是再将馒头藏在褥子底下,我会在人间大哭的。

不是"那一刻",而是"每一刻"

今天弄花。

一枝蜡梅,搭配一枝满天星。

素淡疏朗,幽香阵阵。比得玫瑰和桔梗都失了颜色。

突然问了自己一个问题:要是母亲见了,会欣赏这一款吗?

我最后为母亲采的野花,是一束鬼子姜花。

母亲在深泽博爱医院住院,我去为她买饭,被告知到得早了,我于是信步走出了院门。每次坐车都能看到院门附近开的那一群黄灿灿的小花,我知道那是鬼子姜花,母亲年轻时在我家院子里种过的。我直奔那花而去,快速采了一束,跑去向母亲献宝。

没有花瓶,我便将花插在纸杯里——饱满的一杯。

我端着一杯花给母亲瞧,问她:好看不?她有气无力地回答:好看。

好看的花开了整整一周。母亲要出院了,它依然强打精神开着。

收拾完了病房里所有的东西,只将一杯残花剩在了窗台上。出门前回望它一眼,见阳光正落寞地抚弄着它的枯瓣,心一颤,遂将它憔悴的模样永远定格在了手机里。

昨天看到一个小视频，一个女子捧了一束花，撕心裂肺高喊：妈妈，你落了一样东西！妈妈的声音从天际传来：孩子，该带的我都带上了。女子哭喊：可是，你把我落下了……

泪水顿然决堤。

今天，我的蜡梅开得再好，也不可能再邀母亲来共赏。

我被她落在人间，独看花开花落。

一生爱花的母亲，曾对我说过一句极富哲理的话：常在花前走，人也显精神。

又到了可以在"花前走"的季节，可是，你不再给我陪你看花的时间。

你走出了时间之外……

梁晓声写过这样一段捣烂我心的文字：

如果最亲的人去世了，最初你不会那么痛，因为你缓不过来，反而最难过的是在之后的时光里，会在某个不经意的瞬间想起他。看见他曾经爱吃的美食，用过的杯子，鼻子一酸，泪流满面，想起他在该有多好。或许只有经历过的人才懂，失去亲人最痛苦的不是失去的那一刻，而是日后想起他的每一刻……

是的，不是"那一刻"，而是"每一刻"。

自你离开以后,我已看淡生死

我的母亲,三十年前就为自己缝制妥了一套锦衣。

水绿缎棉袍,宝蓝缎棉裤,黑缎面的鞋上绣了荷花。

每年三伏,母亲都要拿出那套锦衣来晾晒。

比我小十二岁的妹妹,傻傻地看着那套锦衣,夸它"好看",说它是"戏装"。是呢,它确实太像戏装了,那么鲜亮,那么扎眼。

母亲看妹妹喜欢,索性把"戏装"穿在身上,给妹妹瞧,问她,这里肥不肥,那里瘦不瘦。

当妹妹能够读懂那套锦衣,她开始忌讳它,惧怕它,回避它。

可是,母亲多么从容!她对我们姐妹俩说:这鞋这会儿穿正合适,到时候要是我的脚肿了,你们就把它剪开,要从后面剪,不要从前面剪——她怕我们剪坏了那荷花。

当我们和泪将那双鞋穿到母亲脚上,发现它不大也不小,不肥也不瘦,刚刚好。

母亲穿着那双鞋,加入了一个浩浩荡荡的队伍,与那么多人一道,在寒风中归去。

李白说:"生者为过客,死者为归人。"

生而为人，迟早都要结束"过客"生涯。

《泰坦尼克号》中杰克为露西勾勒的"归去"美景是这样的：你会安享晚年，会安息在温暖的床上，而不是今晚在这里，这样地死去。

归去，不奢求十里送葬的哀荣，只求安息在温暖的床上，从容不迫穿好一套锦衣。

"安息吧"，这简短的三个字，哪个含恨离去老人的子女能够说出口？

逝者已息，逝者难安。

逝者已息，生者难安。

曾经，我多么惧怕死亡。后来我才懂得，我的惧怕中很大一部分是担心不得尽人子之责。

自你离开以后，我已看淡生死。

生命，不过是从子宫到坟墓的这一小段途程。当绣了荷花的缎鞋邀你来穿它，你无法藏起自己的双足。

泪涌上来，我用杜甫的诗将它劝止——眼枯即见骨，天地终无情。

怀 表

我幼年时曾一度随大舅在湛江生活。

初到湛江，有人指着我问大舅：这是谁呀？大舅乐呵呵答：女儿啊。

清楚地记得，大舅家客厅最显眼处，挂了他的大照片。大舅母不断指着照片告诉我说：帅。

差不多，那就是我最早认识的"帅"了。

大舅名叫张桐林，他和我大舅母李淑晶，是在抗美援朝战场上相识并相爱的。

大舅几乎不会发脾气。大舅喜欢包极小的饺子。大舅会挑剔我做的女红。大舅希望我长大了当医生（大舅母就是一名军医）。

看着大舅绵软的性子，很难将他跟那场酷烈的战争联系在一起。所以我总缠着他问：你真的打过仗吗？

直到那个物证——怀表站出来说话。

那是一块"洋表"（我至今不知道它是什么牌子），是上级首长作为奖品颁发给他的战利品。后来，他揣着这块怀表上了战场，一颗子弹打来，刚好打在表壳上，他捡了一条命，但那怀表从此就停走了。

大舅把这块救命的怀表托付给了他的妹妹、我的母亲保管。

我是在读高中时回到母亲身边的。每逢母亲打开她的宝贝小竹箱，我一定凑过去贪馋地看——母亲把那块怀表同户口本、我的胎发、她的贝壳项链等贵重物品都锁在那个小竹箱里。

多少次，母亲拿起那块怀表，不厌其烦地向我展示表壳上面那个靠近边缘的、发黑的凹坑；而我最感兴趣的却是怀表上银链子牵着的一个银鼠吊坠，那只银鼠，有着长过身子的直溜溜的尾巴，摸上去，手感好极了。

后来，当我在书中读到抗日勇士王建堂、谭道深等因口袋里装的银圆挡了子弹而逃过劫难时，我都会想起大舅和他的怀表。

那一年，一个在北京工作的堂叔来到我家，听说母亲手里有一块"洋表"，大感兴趣，母亲于是打开竹箱拿出宝贝给他瞧。堂叔边看边摇头说：这不值钱！表壳上这是看得见的伤，里面的零件也有看不见的伤，修都不值得修；再说，表壳也不像是纯银的……要说值钱的，也就是这根银链子和这个银老鼠了吧。

再后来，我外出求学、工作，自然疏离了母亲的小竹箱。

母亲失智后，我为她收拾衣物，突然想起了那块怀表。我问母亲：我大舅给你的怀表呢？母亲一脸茫然：你大舅啥时候给过我怀表呀？

我于是问弟弟。弟弟说：那块怀表扔哪儿去了我也不知道，那玩意儿不值钱！从咱大舅把它给了咱妈的那一天起，它就没走过。倒是那个银链子和那个银老鼠还不错，我拿它打了个银戒指——看，这不是吗？

弟弟说着把手伸给我。我看到他的无名指上戴着一个粗陋不堪的银戒指。

我说不出话……

大舅已去世多年了，大舅母也于六年前追随大舅而去，那块揣着精彩故事却屡屡被人误读的怀表也已不知所终,唯一留下的,是被"值钱"标注了的一点点银子。

唉,我这个废物"女儿",非但没有做成大舅希望我做的医生,竟连大舅最珍贵的"人间信物"都没守住。"买椟弃珠"的伤痛,让我不择对象地跟不下十个人絮叨过这故事,看《长津湖》的时候,又借着剧情大哭了一场……岁月荒寒,山水瑟缩,我帅帅的大舅,你在那边还好吗?

为你，我说过多少颠三倒四的话

一天，儿子突然对我说："妈妈，你跟我说的好多话，听起来都是自相矛盾的。"

我愣了一下。是这样吗？怎么会是这样？

嗯，好好想一想，为你，我究竟说过多少自相矛盾的话？

——我说："你要多吃一些啊！"我又说："你可别吃得太多啊！"总企图让你吃遍世上珍馐，又担心你不懂得节制，吃坏了身形吃坏了胃。出差的时候，习惯带一些当地小吃回来，哪怕你在万里之外，哪怕你半年之后才能回家，那也要放在冰箱里，等你回来吃；而当你父亲连篇累牍地往你碗里放红烧肉时，我竟会抢过来一些，怨责道："别给他那么多！"

——我说："你要快点走啊，千万别迟到！"我又说："别走太快，路上注意安全！"希望你永远不是那个在安静的教室外面嗫嚅地喊"报告——"的孩子，希望你无论与谁相约都永远先他一步到达。但是，一旦你消失在我的视野中，我就开始用种种可怕的虚拟场景惊吓自己，担心你遇到不长眼的车，担心你只顾匆匆赶路没注意到前面的一道沟坎。我派自己的心追踪你，告诉你说："孩子，别急，慢慢走。"

——我说："你一定要做完了各科作业再睡！"我又说："别熬到太晚，早点休息吧。"我多么怕你把学习当成儿戏，我多么怕你成为一个不争气的孩子啊！面对着"抄写八遍课文"这样的作业，我想说："去他的！别做了！"但话到嘴边却变成了"抄八遍就抄八遍吧"这样没心肝的句子。我好害怕你在抗议中滋长了对知识的轻慢不恭，所以，我宁愿选择暂时站在谬误的一边，看你平静地完成。在大考将至的日子里，你埋头题海，懂事地克扣掉了自己的睡眠。你知道吗？当我说"孩子，睡吧"时，我心里却盼着你回答："妈妈，我再学会儿。"

——我说："衣服嘛，没必要太讲究，能遮羞避寒就可以了。"我又说："买衣服，别将就，好衣服能带来好心情。"我读大三那年，曾经被一条骄矜地挂在宣化"人民商场"的天价咖色裤子折磨得寝食不安……我好怕那样的不安也会来折磨你。我说："没出息的人才会甘当衣服的奴隶。"可是，当我看到你捡徐磊哥哥的旧衣服穿也欢天喜地时，我又忍不住为你委屈起来。当你到异地求学，我嘱你要学会逛服装店，为自己挑几件像样的应季服装。不料，你竟学着我的腔调说："没出息的人才会甘当衣服的奴隶。"

——我说："你千万不要早恋！"我又说："遇到个好女孩就该勇于向她示好。"我一遍遍教导你：人生，一定要遵从"要事第一"的原则；人生的每个阶段都只能有一首"主题歌"。所以，在你读高中的日子里，我近乎神经质地提防着每一个和你接触的女孩。当她们打来电话，我会很没素养地劈头就是一句："你叫什么名字？"后来，你赌气般地不再跟任何女孩交往了，我又开始担心你辜负了上苍的苦心赐予。我发短信告诉你说："记得本妈妈曾告诫你：不要在一朵花前过久停留。但是现在，本妈妈要隆重补充：特别卓越的花朵除外！"

——我说:"孩子,你能飞多远就飞多远吧!"我又说:"还有什么比一家人生活在一起更重要的事呢?"我曾嘲笑一个接了母亲班的女孩,说她们母女在单位的公共浴室里互相搓背简直是一道独特的凡间风景。我愿意看你远走高飞,不愿意让你始终窝在这座你出生的城市里。但当你独自沐浴了六载欧罗巴的阳光,当你如愿以偿地拥有了一顶博士帽,我却频频梦见你回归,在梦里,我清清楚楚地听见你说:"妈妈,我已厌倦漂泊。"我也清清楚楚地听见自己说:"孩子,回来吧,回来了我带你去东来顺吃涮羊肉!"

……

不曾被矛盾重重的想法折磨过的心,不是母亲的心。因为爱得太深,所以才会昧,才会惑,才会颠三倒四,才会出尔反尔。孩子,你可知道?当你走得太快,我祈盼着用爱截住你;当你走得太慢,我祈盼着用爱赶上你。所以,无论我说过多少自相矛盾的话,无论这些话让你觉得多么无所适从,我都希望你懂得我说这些话的出发点与归宿。

俺姐姐

妹妹的婆婆，是个相当另类的人。每次见面，都带给我无限的新奇感。

话说几年前，我去保定看妹妹。一家人去饭店吃饭，妹妹提壶倒水，突然把声音抬高八度喊道："姐姐，来，给你倒杯水！"

我忙说："这不满着的嘛！——你刚倒的呀。"

妹妹说："谁说要给你倒水了？是给这个姐姐倒水！"——居然面向她婆婆！

咦？这个死妮子，没大没小的，居然管婆婆叫"姐姐"！

再转眼看她婆婆，哎哟，笑得跟朵花似的，受用得不得了。

后来妹妹告诉我说，一次她跟她婆婆去超市，她"妈，妈"地叫个不停，她婆婆神情严肃地把她拉到一边，悄声嘱她："喂，当着外人的面，别老'妈，妈'地叫，显得我多老啊！你叫我姐姐吧。"妹妹特听话，打那儿以后，但凡有外人在场，统统喊她"姐姐"。

我也比较二百五，跟着妹妹喊她婆婆"姐姐"。

"俺姐姐"带着她孙女丫丫上街，买了个碎花吊带小背心，萌萌的，说是给丫丫买的，但第二天，我就发现她自己美美地穿上啦。

有一回见面，发现"俺姐姐"下颌缝了针，忙问怎么回事，说是晚上回家，遇到了抢包的，她拼命捍卫那个价值十五元的包包和包包里的四十元钱，结果被拖倒在地，挂了彩。

她本是很沮丧地向我讲述这一被抢过程的，但突然话锋一转，语调变得欢快起来："你猜我闺女小丽怎么说？她说：妈，活该你被抢！谁让你烫个大披肩发，穿个大连衣裙，蹬双大高跟鞋，挎个假名牌小包，扭个小屁股，在大街上招摇！坏人从后面看，肯定没猜到你是个退了休的老太太——老太太都穷酸，没啥值得抢的。他肯定以为你是个三四十岁的女土豪级人物，这才对你下了毒手。"

——瞧瞧，瞧瞧，"俺姐姐"被抢得多么光荣啊！是因为她忒显年轻、忒显富贵，以至于让目光老辣的窃贼都看走了眼。

"俺姐姐"说她比较"费老伴"。

第一任老公长得像中央电视台播天气预报的那个男播音员，很宠她，宠得她至今都不会也不敢开燃气灶（怕爆炸）；第二任老公跟她感情特别好，俩人常去歌厅K歌，一首不落地唱曲库中的情侣对唱歌曲，一唱唱到后半夜。现在她一个人过，总有人给她张罗老伴，据说一个张罗者后来变成了求婚者，但她都不答应。"明明知道自己费老伴了，'妨人'，不好。"她认真地对我说。

"俺姐姐"自称是个"月光族"，每个月领了退休金，请客，买衣，一掷千金。有一回她得意地跟我炫耀："我办了个存折！存折里有一千多块钱了！"——她的一儿一女都强烈反对她攒钱，支持她当"月光公主"。

有一年她过生日，儿子儿媳送了她一件礼物——一套市中心的房子。第二年她过生日，女儿女婿也送了她一件礼物——一套公园附近的房子。——哼，我要是她，我也不攒钱。

那天她说头晕，让我帮她测个血压。我便帮她测了，告诉她说：

"高压150，低压95。有点高。"她听后一声不响地就走了，剩下莫名其妙的我举着个血压仪发呆。

一会儿，小丽打来电话，说："姐姐，你给我妈测血压了吧？你说她血压高，把她吓坏了！跑到我这里来，让我重新给她测一遍。我就骗她说，正常啊，坚持吃药吧。这下她高兴了。——我妈胆小，我们从来都不敢对她实话实说。"

——"俺姐姐"就是个得宠的命，丈夫宠，儿女宠，谁见谁想宠。

"俺姐姐"的嗓音又尖又野，特别适合唱才旦卓玛的歌。退休后，她就去竞秀公园唱《翻身农奴把歌唱》。

先是一个拉二胡的老头儿慧眼识英，主动搭讪，要为她伴奏。后来，一个老头儿引来数个老头儿，大家纷纷要求为她伴奏。就这样，老太太有了自己的乐队。

她跟我说："我每个月领了退休金，第一件事就是请老头儿们吃饭——给他们加加油，让他们更敬业！"

去年元旦前夕，她认真地问我："你们学校搞迎新联欢会吗？"我说："搞啊。"她真诚地说："那我带着我的乐队去给你们出个节目吧！"我一听，吓坏了！五百多里地，五百多岁人（歌唱家和乐手年龄相加），这个节目忒值钱了吧？

有人将"俺姐姐"在竞秀公园演唱的视频放到了网上。她让我妹妹打开页面给我看，看完之后，她逐条诵读"网友评论"，什么"台风优雅""嗓音甜润""颜值爆表""身段婀娜""魅力四射"……反正尽是好词。

我惊叹："哇！这么多'粉丝'啊！"后来妹夫悄悄告诉我说，那些评论，都是他们注册了不同的网名假扮"粉丝"写的，为的是逗老妈开心。

我要回唐山了,她拉着我的手问:"你回去之后会在电脑上评论我的演唱吗?"我说:"会的,姐姐!"结果,我回到唐山之后就忙忘了这事。那天正吃饭,接到我妹妹的电话,央我道:"你快去给我婆婆留个言吧!她趴在电脑旁边眼巴巴等着呢!"

——亲爱的"姐姐",愿你把每个日子都涂成你指甲盖那样的玫红色,亮瞎那些活腻味了的人们的眼!